Uwe Janssen

Watt ist
weniger als Meer?

Geschichten aus
meinem Ostfriesland

Leuenhagen & Paris

Willkommen in diesem Buch!

Klären wir zuerst die wichtigen Fragen:

1. Warum gibt es dieses Buch?
2. Warum gibt es dieses Buch erst jetzt?
3. Wo lese ich es am besten?
4. Wo lieber nicht?
5. Warum ist es nicht einfach nur ein weiteres Buch über Ostfriesland? Und:
6. Warum fängt ein Buch über Ostfriesland mit „Willkommen" an und nicht mit „Moin"?

1. Weil es sein musste.
2. Weil es nie zu spät ist.
3. Überall.
4. Nirgends.
5. Weil es mein Buch ist.
6. Siehe nächste Seite.

Es ist ja so: Wenn du als Uwe Janssen in Ostfriesland geboren wirst, hast du die Wahl. Du kannst gemütlich in der Janssen-Masse untertauchen und dich durchs Leben treiben lassen. Oder du verlässt das heimische Reizklima, begrüßt fortan alle Janssens wie Geschwister im Geiste und merkst, dass es auch anders geht im Leben. Schneller, aber hektischer, größer, aber lauter, wortreicher, aber leider ohne Mehrwortsteuer.

Ich kenne beides: Ostfriesland von innen (erste Lebenshälfte) und von außen (der Rest).

Dieses Buch ist ein Ostfrieslandbuch, genauer: mein Ostfriesland-Buch. Es ist ein Rückblickbuch, ein Entdeckerbuch, ein Checkerbuch, ein Heimatbuch, ein Heimfahrtbuch, ein Urlaubsbuch, ein Lesebuch, ein Wartezimmerbuch, ein Klobuch, ein Strandbuch, ein Landbuch, und es ist der Versuch, dem Geheimnis auf die Spur zu kommen, warum Ostfriesen sind, wie sie sind, und warum ihr Humor so eigen ist.

Es spannt einen großen Bogen von den Sechzigerjahren bis heute, was kein Problem ist. Denn eigentlich hat sich in den vergangenen Jahrzehnten gar nicht so viel geändert. Das Wasser kommt und geht immer noch. Und damals hatten wir auch schon keinen Netzempfang. Gegen keinen Netzempfang hilft übrigens ein Buch. Nehmen Sie doch gleich dieses hier.

viel Spaß
beim
Stöbern!

Wat mutt, dat mutt!

Moin – die All-in-One-Lösung

Das Moin ist bei Ostfriesen nicht nur ein Wort, es ist ein Charakterzug. Und es ist der erfolgreichste ostfriesische Exportartikel aller Zeiten. In weiten Teilen des deutschsprachigen Raums hat das Moin umständliche Begrüßungsformeln wie „Guten Tag", „Grüß Gott", „Habe die Ehre" oder „Grüezi mitenand" abgelöst. Selbst im fremdsprachigen Ausland hält es langsam Einzug, wenn es nicht schon längst benutzt wird wie in Skandinavien, Westfriesland, Teilen von Polen oder gar Lettland. Wissbegierige japanische Touristen, die bei einer Bierverkostung in der Jever-Brauerei unbedingt den gängigsten Trinkspruch lernen wollen und mit einem „Hau weg die Scheiße" wieder nach Nippon fahren, nehmen das Moin gleich mit und ersetzen damit das umständliche „Domo arigato". Da sich Japaner am Telefon ohnehin mit „Moshi moshi" begrüßen, ist ihnen „Moin, Moin" gar nicht so fremd.

Zur Grundausstattung jedes Ostfriesland-Urlaubers gehört natürlich zumindest EINE von vielen Versionen dessen, was das doppelte Moin, das „Moin, Moin", bedeutet. Dass das erste Moin also gar nicht Morgen heißt, sondern die akkusativische Beugung des Wortes „Mooooi" für „schön" ist. Die Bedeutung des zweiten Moin könnte vom plattdeutschen „Moren" stammen oder auch vom preussischen „Morjen". Ich bin der festen Überzeugung, dass das schietegaal ist. Wichtig: Die einfache Form meint immer das substantivierte Adjektiv, Moin heißt also „einen Schönen" oder „einen Guten". Die Hochdeutschen kennen das vom Essen. Das erklärt übrigens auch, warum Moin die friesische All-in-One-Grußlösung für jede Tageszeit ist. Denn „einen Guten" kann man immer wünschen.

Das Eingeborenen-Moin erkennt man daran, dass es Anlauf nimmt, das M rollt langsam an.

M
m
m
m
m
mooooin!

Wie spricht man Moin nun aus? Es gibt das Touristen-Moin, und es gibt das echte ostfriesische Moin. Das Eingeborenen-Moin erkennt man daran, dass es Anlauf nimmt, das M rollt langsam an. Mmmmmmmmooooin!

Das ist ähnlich wie bei einer Kuh. Akustisch weiß man beim anrollenden M also noch nicht genau, was es ist: eine Kuh oder ein Ostfriese.

Optisch ist es dann leichter. Meistens.

Touristen verwenden das Moin häufig doppelt. Entweder weil sie gelesen haben, dass man das so macht. Oder weil sie alles doppelt sagen. Danke, danke! Oder bidde, bidde. Oder Tschötschö. Doch, doch. Leider, Leider. Selbst bei Pianisten: Lang Lang. Jaja.

Der Ostfriese würde nie Tschötschö sagen. Viel zu lang lang. Er sagt zum Abschied einfach: „Munter". Und sein Gegenüber sagt: „Ok so!" Das spart im Vergleich zur Vollversion, also: „Holl di munter, bit anner Mol", „jo, all klor, da wünsch ik di ok", jedesmal drei bis vier Sekunden. Klingt marginal. Aber wenn man das 500 mal pro Jahr rechnet und das 70 Jahre lang, kommt man auf 39 Stunden Lebenszeit, die der Ostfriese nicht mit Sprechen verbringen muss, sondern in Ruhe dem Gras beim Wachsen zugucken kann. Das nennt man Eco-Modus. Und Eco-Modus können wir. Wie gesagt, Charakterzug.

Wenn zwei Ostfriesen angeln und nach vier Stunden sagt der eine: „Ach ja", guckt der andere ihn an und sagt: „Wollen wir hier angeln oder labern?"

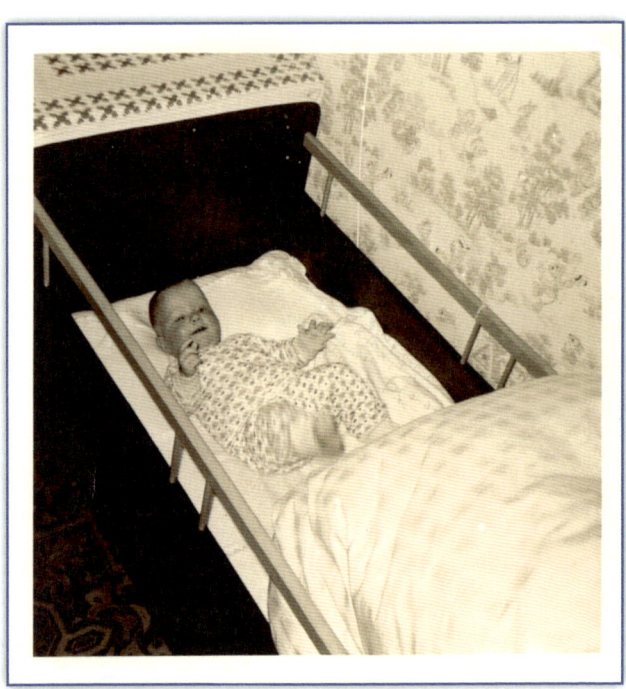

He kummt

Als ich geboren wurde, wusste ich noch nicht, dass ich Ostfriese bin. Und ich weiß auch nicht, ob es was geändert hätte. Nun war ich da, April 1965. Eine Woche vorher war der weltweit erste kommerzielle Nachrichtensatellit ins All gestartet, er hieß Early Bird. Dann kam ich. Ein Frühchen. Early Bird 2.

Während Early Bird 1 um die Erde kreiste, lag ich in einem ostfriesischen Brutkasten herum und langweilte mich. Mangels Wortschatz und Artikulationsmuskulatur konnte ich beim Brutkastenpersonal nichts bestellen, obwohl meine Vokale und meine Gestik schon ganz gut funktionierten. Und das reichte eigentlich. Mit ähnlicher Gestik und einem einzigen Vokal, dem „Gastro-E", bestellten Erwachsene in unserer Dorfkneipe neue Getränke. Aber das wusste ich da noch nicht. Ich lag einfach rum und wuchs vor mich hin.

Immerhin wurde ich zu Hause nicht zu den Nutztieren unter die Ferkellampe gelegt. Obwohl: Die hätten mich vermutlich besser verstanden. Ich musste also etwas Besonderes sein, etwas Spezielles, ein Auserwählter. Einzigartig. Keiner wie die anderen.

Was ich zu diesem Zeitpunkt auch noch nicht wusste: Ich hieß Janssen.

Statistisch ein Volltreffer. Aber was die Ahnenforschung anbetrifft, bleiben da doch Fragezeichen und hartnäckige Spekulationen über unsere Familienstrukturen. Manche glauben, unser Stammbaum reiche doch nicht bis tief ins 11. Jahrhundert zurück zum edlen Häuptling Jan, über den im Dorf irgendwie alle verwandt sind, sondern bis zu Johann Siefke Janssen, der 1958 in seiner Stammkneipe nach dem zwölften Doppelkorn tot vom Hocker gefallen ist.

Andere haben für diese Spekulationen fiese Bezeichnungen gefunden. **In Ostfriesland nennt man es Milieu-orientierte interaktive Nachbarschaft, kurz: MOIN.**

Aber so weit war ich noch nicht. Immerhin wurde ich irgendwann aus dem Brutkasten entlassen, es muss mit etwa drei Jahren gewesen sein, so kam es mir jedenfalls vor. Nun war ich draußen, gut gewachsen, ich wohnte in Holtgast – das ist zwischen Hartsgast und Utgast – und ich hieß Uwe. Weil mein Vater Fußballfan war. Nicht der einzige. Schon in der Grundschule waren wir drei Uwe Janssens, aber das wusste ich da auch noch nicht.

Immerhin war mein Namenspatron Uwe Seeler. Es hätte schlimmer kommen können. Sepp Maier. Oh Gott! Oder Fritz, am besten gleich Fritz Walter Janssen. Oder Hacki Wimmer, damals Borussia Mönchengladbach. Wir heizten mit Holz. Hacki Janssen. Das wäre ein Fest geworden.

Soweit ich mich erinnern kann, passierte, bis ich fünf war, eigentlich nichts, bis auf die Tatsache, dass ich eine ausgeprägte Abneigung gegen gekochte Steckrüben entwickelte und mich über die Verwandten freute, die in den Sommerferien zu uns kamen. Vier Geschwister meines Vaters waren ausgewandert: drei nach Süden, also Schwarzwald und Bergisches Land, eine Schwester nach Norden. Also – Norden, Ostfriesland. 30 Kilometer Luftlinie.

Ich freute mich, dass alle so regelmäßig ihr Elternhaus besuchten. Bis mir der Gedanke kam, dass das Elternhaus ziemlich nah an der Nordseeküste stand und den verlässlichen Besuchen in einer Urlaubsregion mit Bademöglichkeit auch taktische Erwägungen zugrunde liegen könnten.

Die Cousinen und Vettern aus dem Bergischen brachten komische Wörter mit. Sie sagten zum Beispiel zu Bonbons Klümpchen, was ich eher mit Kleintierstuhlgang in

Verbindung brachte. Ich fand Bonbons ab da irgendwie nicht mehr so gut.

Mit fünf Jahren passierte dann wieder was. Meine Eltern meldeten mich im Boßelverein an. Es gab im Landkreis Wittmund damals 19 Fußball- und 52 Boßelvereine. Wenn ich nicht Randsportler werden wollte, hatte ich keine Wahl. Also boßelte ich. Kugel über die Straße werfen, so weit es geht. Fünf Jungs pro Mannschaft, jeder fünf Würfe in die eine Richtung und dann wieder zurück. Entweder mit einer Holz- oder Gummikugel.

Für Ostfriesen ist Boßeln Sport, das möge an dieser Stelle erwähnt sein. Nicht Bollerwagen und nicht Saufen. Jedenfalls nicht während des Wettkampfs.

Mein Verein hieß „He kummt" Holtgast. „He kummt" klingt eher nach Erwachsenensport, aber alle Boßelvereine haben einen Namenszusatz, zumeist einen Anfeuerungsruf wie eben „He kummt". Wir traten unter anderem an gegen „Liek ut Hand" Negenmeerten, „Fix wat mit" Stedesdorf oder „Ant Moor lang" Eversmeer (mehr zu diesem Ort auf Seite 34). Manche Namenszusätze wie „Lat hüm susen" und „Frisch weg" erforderten, wie wir lernten,

KNABEN-KREISMEISTER
1976

in bestimmten Situationen eine gewisse Sensibilität, beispielsweise bei Nennung des vollen Vereinsnamens unter Nachrufen auf verdiente Sportsfreunde. „He löpt noch" sorgte diesbezüglich bei manchen Lesern für Missverständnisse.

Bei uns im Verein kam jemand mit zu viel Zeit auf die Idee, uns Jungs gelbe Pudelmützen zu stricken. Das hatte sonst keiner, und das hatte wohl auch seinen Grund. Es sah nämlich ziemlich scheiße aus, auch damals schon. Wir sahen aus wie eine Truppe Textmarker, die jeden Sonntagmorgen irgendwo auf einer Dorfstraße aus einem Bulli gekippt wurde und die Konkurrenz allein durch diesen Anblick lähmte.

Ich trug zudem mittlerweile eine Brille, deren Gläser dick wie Colaflaschenböden waren. Das Ding war schwer. Ich blickte oft hoch, nicht weil ich arrogant war, sondern einfach um nicht vornüber zu fallen. Vielleicht wäre ich gern arrogant gewesen. Aber ich war ein Textmarker mit Brille. Das war die Realität.

Im Boßeln waren wir gut. Kreismeister 1976. Es gab drei Nachwuchsaltersklassen: Knaben, Schüler und Jugend.

Die Colaflasche in der Mitte des Bildes links, der Tafelträger, das bin ich. Wie man sieht, haben wir die Mützen auch drinnen nur im Notfall abgenommen. Beziehungsweise, sie wurden uns abgeschraubt.

Der Dackel unten links gehört nicht zur Mannschaft und wurde auch nicht als Klootsucher eingesetzt. Warum alle Urkunden schief hängen, weiß ich nicht. Warum ich bei den Eintracht-Braunschweig-Vereinsfarben Blau und Gelb später ausgerechnet in Hannover gelandet bin, weiß ich auch nicht. Und was mit der Mütze passiert ist – ebenfalls keine Ahnung.

Wahrscheinlich habe ich irgendwann gesagt:

Wasser hin, Wasser her

Es ist Urlaubszeit! Gelegenheit also, den wirklich wichtigen Dingen auf den Grund zu gehen. Auf den Meeresgrund. Und weil das Wattenmeer seit Jahren UNESCO Naturerbe ist, erklären wir heute Ebbe und Flut.

Nein, tun wir nicht. Weil man es dem Herbert Normalurlauber nicht erklären kann. Jedenfalls nicht, ohne dass der Beklärte das Erklärte nicht versteht oder verklärt erfährt oder man verkehrt erklärt oder statt erklärt belehrt und als Erklärbert den Erklärwert vermehrt erschwert und der Herbert herfährt und einkehrt und ohne Nährwert wieder heimfährt. Anders gesagt: weil man sich mit dem gut gemeinten Versuch, Ebbe und Flut zu erklären, keine Freunde macht. Weil man damit ganze Kneipenrunden sprengen kann. Männer, deren einzige Methode, Frauen aufzureißen, das Erklären von Ebbe und Flut ist, sind Single. Frauen, deren einziges Gesprächsthema mit Männern Ebbe und Flut ist, haben viel Zeit für sich.

Warum ist das Gezeiten-Ding auch so kompliziert? So interessiert die Zuhörer beim Schlüsselwort Mond noch sind, so eingeschlafen sind sie bereits beim nächsten Schritt, dem Wort Zentrifugalkraft. Ist es den meisten Menschen also völlig egal, ob der Mond mit seiner Anziehungskraft die Nordsee einfach leer saugt, ohne dass man etwas physikalisch Ebenbürtiges dagegensetzt? Nein, sie sind im Urlaub! Vielen Nordseegästen würde im Prinzip auch als Erklärung reichen, dass Gott (für Atheisten: der Hafenmeister) einfach an einem großen Hebel sitzt und alle paar Stunden von „Wasser kommt" auf „Wasser geht" umschaltet. Hauptsache, das Wasser kommt überhaupt irgendwann wieder. Wozu hat man dem Papa sonst die neue Badehose gekauft? Da muss man mit Begriffen wie Baryzentrum, Springtide und Nipptide gar nicht mehr anfangen. Oder mit Erde, Mond, dem gemeinsamen Kreisen umeinander

und in sich, dem gemeinsamen, asymmetrischen Schwerpunkt – passives Abseits zu erklären ist deutlich einfacher. Und das will schon was heißen.

Hinter Schönwettertieren also, die im Watt gar nicht klarkämen. Wobei eine Giraffe bei Flut gar nicht auffällt – wie ein Windrad ohne Flügel. Offshore.

Hauptsache, das Wasser kommt überhaupt irgendwann wieder.

Immerhin hat die UNESCO erkannt, dass nicht nur Papas neue Badehose wichtig ist, sondern auch das Wattenmeer als Ökosystem. Wenn man allein bedenkt, wie viele Tiere sich auf einem Quadratmeter Watt tummeln! Welche Artenvielfalt! Ein Gratiszoo! Okay, Kurbeitrag, aber ansonsten ein unfassbar reichhaltiger Lebensraum!

Leider hat sich Gott (oder der Hafenmeister) für das Watt hauptsächlich Tiere ausgesucht, die in der Wahl zum Sexiest Animal Alive regelmäßig hinter Löwe, Tiger, Elefant und Giraffe landen.

Die meisten Tiere im Wattenmeer sieht man gar nicht. Weil sie sehr klein sind. Oder Meister der Tarnung. Das sagt man von Leopard oder Jaguar auch. Aber stellen Sie mal einen Leopard ins Watt – da sagen die Wattwürmer: Bist du Heidi Klum oder was? Eine Robbe dagegen – fast unsichtbar. Von einem großen Stein nicht zu unterscheiden. Nur dass der Stein nicht „öööööh" macht, wenn man drüber stolpert. **Und wie erklären wir nun Ebbe und Flut? Eigentlich ganz einfach: Wasser hin, Wasser her – fertig ist das Wattenmeer.**

The Oostfreesland Signature Weekend Tour

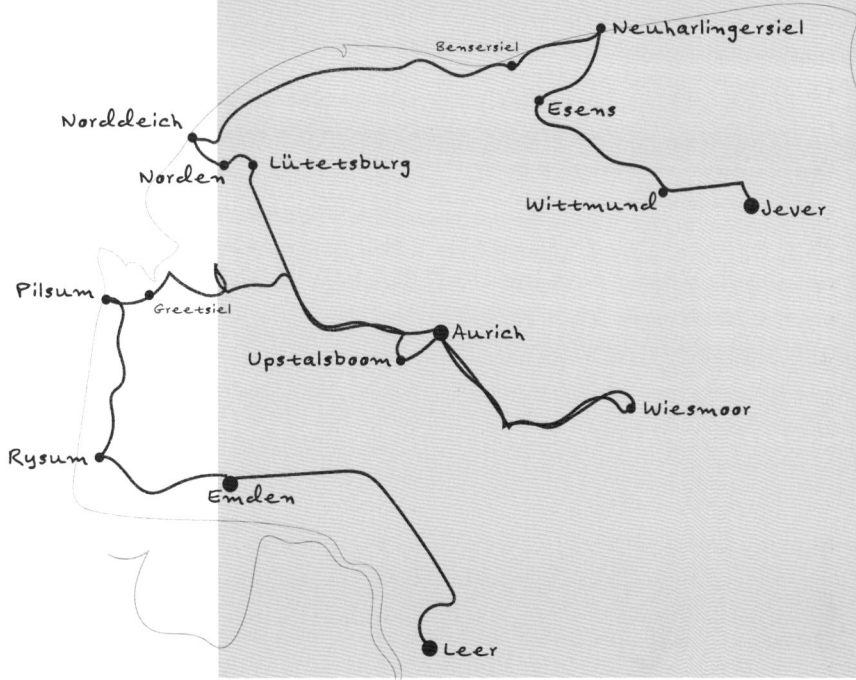

Als analoger Ostfriese, der ich als Kind der Sechzigerjahre nun mal war, gewöhnte ich mich auf Reisen an so manches geografische Missverständnis. „Ostfriesland – da war ich auch schon." „Ach – wo denn? „In Oldenburg." Gesprächsende.

Oldenburg ist in Kilometern gar nicht so weit weg von Ostfriesland. Auf der Deutschlandkarte im Diercke-Atlas passten damals Ostfrieslands Südgrenze und Oldenburg fast unter einen Filzstiftpunkt. Okay, Edding. Und von Deutschlands Südgrenze aus betrachtet war ab dem Ruhrgebiet und Hannover sowieso alles egal und also alles theoretisch Ostfriesland. Emotional dagegen war für uns Oldenburg so ostfriesisch wie Unterhaching. Oldenburg war eben Oldenburg, mehr gab es aus unserer Sicht nicht dazu zu sagen. Auch bei den Inseln verlagerten gesunde Halbwissende gern ein paar nordfriesische Eilande an die südliche Nordsee, wenn ihnen Juist und Wangerooge gerade nicht einfielen. Borkum, Baltrum, Amrum – klingt ja auch ganz rund.

Klar war, dass nicht viel klar war da draußen über unser Ostfriesland.

Und weil ich mich im Rahmen meiner Möglichkeiten als aktiver Aufklärer verstand, schwor ich mir, etwas beizutragen. Das geschah in homöopathischen Dosen in meinem späteren journalistischen Berufsleben. Aber schon weit vorher hatte ich einen revolutionären Plan im Kopf.

Einen Fahrplan. Für Menschen, die noch nie da waren und denen man den Landstrich möglichst breit gefächert und trotzdem kompakt vorstellen will.

Ostfriesland an einem Wochenende. Das braucht Mut zur Lücke. Aber es geht. Allein um dieses Oldenburg-Ding künftig zu vermeiden.

Unglücklicherweise ist der Plan ein Plan geblieben. Aber für Aufklärung ist es nie zu spät. Deshalb kommt hier meine ganz persönliche Oostfreesland Signature Weekend Tour. (Kann man auch in Deutsch sagen, klingt so aber irgendwie fesselnder). Bedingung: Die Inseln bleiben aus Zeitgründen außen vor, aber die sind ja sowieso alle einen Ausflug wert. Also ist es genau genommen the Oostfreesland Signature Weekend Mainland Tour. So viel Zeit muss sein.

Los geht es am Sonnabendmorgen in Jever.

Warum Jever?

1. Um zu lernen, dass – Oldenburg-Effekt – dieser Ort nicht zu OSTfriesland gehört.

2. Um zu lernen, wie die Jeveraner reagieren, wenn man ihr schickes Örtchen in der Mitte so wwwindelwwweich ausspricht wie der Mann in der Jever-Bierwerbung.

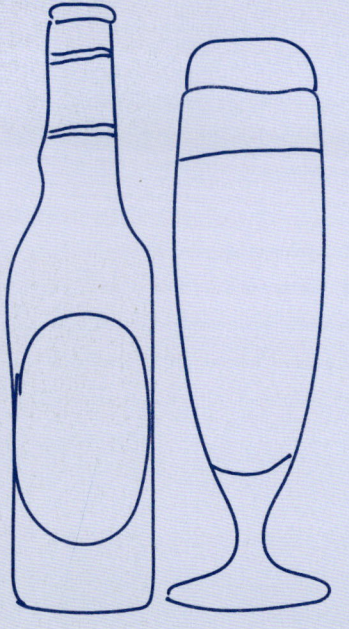

Selfie-Idee:
Mit diesem einzig wahren Bier hier oben vor der unübersehbaren Brauerei. Trinken: später.

Weiter geht's Richtung Wittmund.

Grenzübertritt nach Ostfriesland bei Asel. Böse Zungen behaupten, die Grenze führte einst mitten durch ein Nachtlokal. Tatsächlich gehört Asel aber schon komplett zu …

... Wittmund.

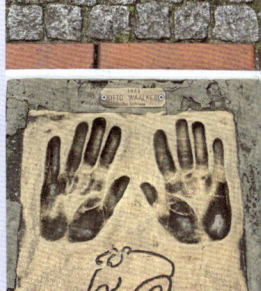

Kreisstadt mit Ostfriesenabitur, einfallsreicher Kreiselkunst (siehe Seite 126) und einem Walk of Fame im Zentrum, der Hands of Fame heißt, weil die famous people ihre Handabdrücke in der Fußgängerzone hinterlassen haben. Mit dabei: Heidi Kabel, Hardy Krüger, Horst Köhler, Hellmuth Karasek und auch Prominente, die nicht die Initialen HK haben. Wie Bergsteigerlegende Reinhold Messner, der den Himalaya gemeistert, aber keinen ostfriesischen Gipfel bestiegen hat.

Fotoidee:
Die handlichen Handabdrücke von Otto Waalkes.

Über Burhafe geht es nach ...

... Esens.

Klein- und Samtgemeindehauptstadt mit Bahn- und Wasseranschluss (Bensersiel), schickem Ortskern und fußballerischer Drittligavergangenheit unter den Flügeln der Peldemühle.

Foto:
Kopfsteinpflastermarktplatz mit Tidebrunnen.

Anschließend Eis essen im „Venezia", das älter ist als Italien (stimmt nicht, taugt aber als Kompliment).

Jetzt geht's ans Wasser, und zwar nach …

... Neuharlingersiel.

Das Tor zur Chill-Insel Spiekeroog mit großartigem
Kutterhafen, der nach Hafen riecht und klingt.
Außerdem: Buddelschiffmuseum und Teekontor.

Foto:
Hafenmauer mit Bronzeskulptur zweier namenloser
Fischer und Kutterparade im Hintergrund. Anschließend:
der alkoholische Sanddorncocktail „Sandy" in der coo-
len Hafenkneipe „Dattein", was dreizehn heißt und nach
13 Uhr für ein Getränk passt – natürlich nur für Beifahrer.

(„Sandy" zum Selbermachen: Seite 97)

Einmal über den Deich gucken, einatmen,
ausatmen, einatmen – und weiter. Und zwar …

… über die Küstenstraße Richtung Westen.

Stopp und **Selfie** an der Ortsumgehung Bensersiel, die durch
das Prinzip „Erst bauen, dann fragen" und die anschlie-
ßende jahrelange behördliche Sperrung bundesweit
berühmt wurde – vor allem beim Bund der Steuerzahler.

Landkreiswechsel. Über Dornum, Dornumersiel
und Neßmersiel geht es nach …

… Norddeich, …

… von wo aus die Fähren nach Norderney und Juist fahren.
Besuch bei den Heulerheilern der Seehundaufzuchtstation.

Fotoidee:
Ein Selfie mit Robben. Hat nicht mal jeder Bayern-Fan. Alternative: Ausgestellter Walross-Penisknochen (lateinisch:
baculum), aus dem in Alaska Messergriffe gemacht werden.
Kein Selfie, sieht komisch aus (lateinisch: debaculum).

Weiter geht's. Richtung Süden. Nach ...

... Norden, ...

... wo der klare Fluss Doornkaat entspringt, der Horst Schlämmer erst zu dem machte, was er wurde. Das Teemuseum ist außerdem zu einem der schönsten deutschen Heimatmuseen gekürt worden. Mit Kluntje, mit Sahne, mit Recht, ohne Umrühren.

Alles, was Sie über die unfassbare ostfriesische Neigung zum Teetrinken und über den Rest der Teewelt wissen müssen, erfahren Sie dort – und was Sie nicht wissen müssen, aber wollen, auf Seite 94 in diesem Aufklärungsbuch.

Weiterfahrt ins unweite ...

... Lütetsburg.

Das dortige Wasserschloss atmet ostfriesische Geschichte bis ins 13. Jahrhundert, der Schlosspark ist einen Spaziergang wert, und vorher gibt's im Schlosscafé einen Klütje mit Birnen. Unbedingt probieren und **fotografieren.** Und wenn Sie dann noch aufstehen wollen und können, ab in den Park. Oder gleich ins Bett. Ach so, Bett. Haben Sie sich gekümmert? Wer in Ostfriesland schlafen will, muss sich früh kümmern. Wenn nicht, tut's eine Luftmatratze am Strand. Wie man die aufbläst oder daran scheitert, finden Sie auf Seite 54.

Morgen geht's weiter und zwar am …

… Upstalsboom …

… in der Nähe von Aurich, in Rahe, wo die Freiheit der Friesen
begründet ist. Hätten die Chefs an dieser Versammlungsstätte nicht
Rat gehalten, wäre, kurz gesagt, Hannover heute Küstenregion.
Aber Unterwerfung war einfach nicht ihr Ding. Der Schlüssel zum
Friesenfrieden: Teambuilding. Gegen Mobbing in der Gruppe
und für die positive Heimbilanz gegen starke Truppen aus der
Bundesliga. Jetzt steht dort, von Bäumen umringt und auf einem
Grabhügel thronend, eine Steinpyramide aus dem 19. Jahrhun-
dert. Nicht ganz Gizeh, aber solide gestapelt und mit schönem
Waldweg. Der am kleinen Parkplatz eingelassene Spruch „Eala
Frya Fresena" heißt in etwa „Steht auf, wenn ihr Friesen seid".

26

Was ist nahe bei Rahe?..

... Aurich!

Die zweitgrößte Stadt Ostfrieslands macht im Kleingedruckten auf den Ortsschildern schon mal klar, wie der Ort wirklich heißt: Auerk. Auf dem Marktplatz lauert hohe Kunst.

Mehr dazu auf Seite 120.

Jetzt ein bisschen Sport? Okay, Minigolf.

Wer das in ...

... Wiesmoor ...

... spielt, der Blumenstadt, wird nie mehr einen Platz betreten können, ohne an SIE zu denken. Die Kuh, der man den Ball in den Trog spielen muss. Oder die Mühle, die mit ihrem Flügel den Ball Richtung Loch transportiert. Gullivers Teetassen, ein Boot mit Loch. Mini ist hier gar nichts. Immerhin sind die kreativen Erdenker bei der Kuh nicht bis zum Äußersten gegangen.

THE OOSTFREESLAND SIGNATURE WEEKEND TOUR

Wir bewegen uns im großen Landkreis Aurich Richtung
Westen, durchqueren schöne Orte wie Upgant-Schott,
Neue Welt und Kreitlapperei und landen schließlich in …

… Greetsiel, …

… einem ostfriesischen Hotspot – und das trotz fehlender Nordsee
im Ort. Muss man erstmal schaffen. Das Geheimnis: Entwaffnende
Schnuckeligkeit, dänisches Eis im Ortskern, Schiffe, die Graf Edzard
heißen und es schon in die TV-Show „Vier Hochzeiten und eine
Traumreise" geschafft haben. Und wenn Ihr Traum schon immer
eine Krabbe aus Metall war, die ein Schild mit der Aufschrift
„Moin" in den Scheren hält – hier geht er in Erfüllung. Tretboottour
auf den verzweigten Wasserwegen des Sieltiefs nicht vergessen.

Nächster Ort, nächster Halt – in ...

... Pilsum.

Einmal links der Hauptstraße, wo es ein Kulttheater mit einer Besonderheit gibt: Es ist ein sehr kleines Haus. Sein Name: „Sehr kleines Haus".

Auf der anderen Seite der Hauptstraße steht der Pilsumer Leuchtturm. Er leuchtet auch, wenn kein Licht an ist, denn er ist rot-gelb. Auch deshalb war er Hauptdarsteller im Otto-Film „Der Außerfriesische" (nein, Otto Waalkes wohnt nicht da drin, obwohl das Teile seines Wesens erklären könnte) und spielte auch schon im „Tatort" mit. Und natürlich in der Premium-TV-Show „Vier Hochzeiten und eine Traumreise".

Es geht weiter, und jetzt geht's rund. Denn ...

... Rysum ...

... in der Auricher Gemeinde Krummhörn heißt nicht nur Rund-
dorf, sondern ist auch so. Bisschen verschlafen, aber mit rundum
glücklichen Menschen, wunderschönen Häusern, einer Mühle
mit Café und einer Kirche mit einer bemerkenswerten Orgel:
Sie gilt als die älteste erhaltene ihrer Art in Nordeuropa,
stammt aus der Mitte des 15. Jahrhunderts – und ist eckig.

Kurz darauf wartet Ostfrieslands größte Stadt ...

... Emden ...

... (falls Sie mal jemand nach einer ostfriesischen Stadt mit einem Buchstaben fragt: Es ist Emmm). Das Otto-Huus steht direkt am Delft mit seinen schicken Schiffen. Wenn Sie die Straße überqueren möchten, tun Sie es, wie das Ampelmännchen Otto es vorgibt (Selfie, nicht wackeln!). Um die Ecke ist die Emder Kunsthalle – vormerken – und weiter nach ...

... Leer.

Die drittgrößte Stadt im gleichnamigen Landkreis ist eine Mischung aus Alt und Neu, Tradition und Moderne, aus Enno Bunger und H. P. Baxxter. Der Gallimarkt hat mehr als 500 Jahre auf dem Buckel und führt die Volksfestcharts in Ostfriesland an, und wenn die Hafencity so weitermacht, muss sich Hamburg bald warm anziehen. Im Stadtteil Loga steht ein echtes Schmuckkästchen, das Wasserschloss Evenburg mit einem nicht minder attraktiven Park, zu dem auch ein Café mit Außengastronomie gehört.

**Da klingt the Oostfreesland Signature Week-
end Tour aus.**

Was vergessen? Klar!

Man kann die Tour gleich am nächsten Weekend wiederholen – mit einem komplett anderen Programm, mit Inseln oder mit dem Fahrrad oder durch die Kneipen.

Machen Sie doch einfach!

Ein bisschen kennen Sie sich nun ja schon aus.

Beten egen

Was den Ostfriesen nachgesagt wird:

1. Sturheit
   2. Sturheit
3. Sturheit

und zwar genau in dieser Reihenfolge.

Alles, was sonst noch der ostfriesischen Art zugeschrieben wird, ist den Punkten 1 bis 3 unterzuordnen, beziehungsweise mit ihnen eng verwandt. Hier wären zuvorderst Eigensinn, Maulfaulheit (nicht zu verwechseln mit Maulfäule) und Renitenz in allen Formen zu nennen. Im Plattdeutschen umschreibt man sture Menschen mit „beten egen", also ein bisschen eigen, was die Sache erfolgreich verniedlicht und ihr etwas Angeborenes verleiht. Angeboren heißt ja auch instinktiv, und Instinkte sind wichtig im natürlichen Überlebenskampf von Flora, Fauna und Frisia. Man kann eben nicht anders. Friesen sind also, um es in einem kompakten Zweizeiler zusammenzufassen, von Natur aus stur.

Gesunde Widerspenstigkeit hat schon frühere Friesen ausgezeichnet, auch einige Stars. Balthasar von Esens beispielsweise

soll so einer gewesen sein. Die Meinungen über ihn, der in Esens als Junker Balthasar bekannt war und ebendort Brunnen, Straßen und Festen seinen Namen gab, gehen ziemlich weit auseinander. Sie reichen von „Freiheitskämpfer für Ostfriesland" bis zu „unbelehrbarer Streithammel". Balthasar betrieb seine Sturheit im 16. Jahrhundert sogar aktiv, indem er immer wieder Bremer Handelsschiffe ausrauben ließ, obwohl es ihm mehrfach untersagt wurde.

Heute lassen die Ostfriesen die Bremer weitgehend in Ruhe, aber stur sind sie immer noch. Wenn sie reden wollen, tun sie es. Und wenn nicht, dann nicht. Das ist vermutlich überall so. Aber nicht in diesem Verhältnis. Eine Unterhaltung kann unter diesen Umständen mitunter sehr einseitig verlaufen. Aber Ostfriesen wissen: Wenn sie nichts sagen, sagt irgendwann das Gegenüber wieder etwas. Und wieder und wieder. Nur um peinliche Stille zu vermeiden. Für Ostfriesen ist Stille nicht peinlich. Sondern kommunikativer Eco-Modus. Irgendwann führt das Gegenüber die Unterhaltung allein, ohne es zu merken. Und der Ostfriese ist auch dabei, ohne sich anzustrengen. Und hinterher ist er im schlimmsten Falle „beten egen". Damit kann er gut leben.

Orte,

die man gesehen haben muss

Ewig meert am längsten 35

Mag sein, dass die Ostfriesen eher ein verschlossenes Völkchen sind und mit Angeberei und Großspurigkeit wenig am Hut haben. Wenn es aber an ihre Gewässer geht, langen sie richtig zu. Während der Süddeutsche beim Seenamen am Boden bleibt oder einen Hammersee schlicht Ammersee nennt, greift der Ostfriese gleich ganz oben ins Regal.

Beim kleinen Örtchen Eversmeer findet sich ein Hochmoorsee, und, ja, es ist der größte seiner Art in Deutschland, aber sein Name Ewiges Meer ist schon eine Hausnummer, genau wie das Gewässer im unweit gelegenen Südbrookmerland, das man ganz bescheiden Großes Meer getauft hat.

Da, wo es in Deutschland viele Gewässer gibt, hat man nicht viel Zeit mit Namensgebung vertrödelt und die Tümpel einfach nach dem benannt, was gerade Thema war. In Mecklenburg-Vorpommern zum Beispiel Geldnot oder Körperteile. Wie sonst soll man sich Blanksee, Borgsee, Casinosee, Kiessee und Moospfuhl erklären? Und Ellbogensee, Lebersee und Schwarzes Herz. Und bei Leichensee, Kotzensee, Demenzsee, Spukloch und Sülzpfuhl merkt man: Der Tourismus war hier nicht der Leitgedanke.

Ostfriesland spielt dagegen nominativ in einer Liga mit Großer Mauer, Riesengebirge und Ewiger Stadt – Marketing ist eben alles. Mit dem Begriff See gibt man sich gar nicht ab, es darf schon etwas Meer sein. Ewigkeit suggeriert sofort etwas Mystisches, aber wer mal im nebligen Halbdunkel auf dem Bohlenpfad des Ewigen Meers gewandert ist und sich zufällig an die Szene im „Herr der Ringe" erinnert, als Gollum die Hobbits Sam und Frodo ins Moor führt, weiß, wie nah die Sache mit dem Mythos an der Wahrheit liegt. Der Weg zurück zum Parkplatz dauert plötzlich – genau: ewig.

Wo der Parkplatz ist, kann man sich im Übrigen gut merken, hier schlägt der ostfriesische Pragmatismus wieder durch: Er liegt an der Parkplatzstraße.

Wundersames
Ostfriesland (1)

Das Pflanzentier

Flora und Fauna in Ostfriesland sind von einzigartiger Vielfalt, und sie sind viel kommunikativer als die Ostfriesen selbst. Die Brennnessel streicht des Sommers zärtlich um das Bein des Wiesenwanderers und hinterlässt eine Nachricht auf der nackten Wade. Am Wegesrand grüßt der Löwenzahn, und wenn es windstill ist und man ganz nah ran geht, hört man ein leises, aber freundliches „Moin". Leider ist es nie windstill, und es sieht für Außenstehende auch blöd aus, wenn jemand auf der Straße kniet und offensichtlich einem Löwenzahn lauscht. Ungehalten wird der freundliche Löwenzahn nur, wenn man ihn mit dem Huflattich verwechselt, der als „Wanderers Klopapier" einen guten Ruf genießt.

Es sind nicht nur die Pflanzen, nein, auch Kuh und Möwe wollen die Aufmerksamkeit der Ostfrieslandbesucher. Beide treten den Menschen mit Schiss entgegen, jede auf ihre Weise.

Aber es gibt in Ostfriesland, auch auf den Inseln, eine Art, die zwei Welten vereint, Flora und Fauna in einem Lebewesen. Dieses einzigartige Geschöpf ist domestiziert und an den Menschen gewöhnt, es ist recht scheu und lebt zurückgezogen auf Fensterbänken in Räumen mit geringer Repräsentationskraft. Es braucht Wasser, aber in Maßen, es schützt seine Tentakeln durch ein dichtes Stachelnetz und hat außer Fakiren und Masochisten keine natürlichen Fressfeinde. Es ist

der Kraktus.

Kindheit in Ostfriesland

Kennen Sie das auch? Sie wollen einfach nur mal schnell das Arbeitszimmer aufräumen, geraten nach vier Minuten an den Schuhkarton mit den alten Fotos und sitzen vier Stunden später immer noch da. So ging's mir neulich auch. Deshalb hier meine Kindheit in 19 Bildern.

Keine Räder, aber gleich einen Hang zum Rasen, das war mein erstes Auto. Hier bei der zweiten Fahrstunde, es geht um rechts vor links.

MEINE AUTOS

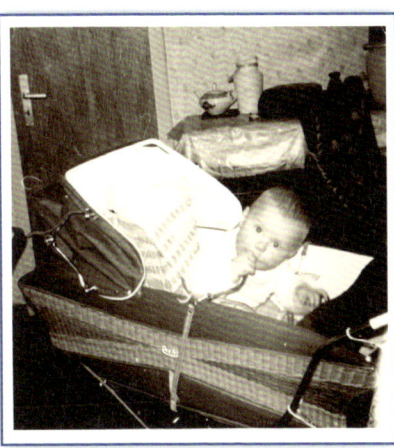

Mein zweites Auto war ein SUV mit Faltdach, gekreuzten Rallyestreifen und endlich Rädern. Weil ich rechts vor links nicht kapiert hatte, durfte ich nur in geschlossenen Räumen fahren.

Mein drittes Auto kam mit Chauffeur. Der rechte Blinker war leider kaputt, deswegen fuhr ich zwei Jahre lang außen mit und gab beim Abbiegen Handzeichen. Weil es zog, musste ich das Hemd so weit in die Hose stecken, bis es unten wieder rauskam.

Mein viertes Auto sollte ein Kombi sein, geliefert wurde ein mit Sportfahrwerk aufgerüsteter Einkaufswagen der Supermarktkette Combi. Nachdem man mich am Ende der Probefahrt aus dem engen Sportsitz geflext hatte, trat ich vom Kauf zurück.

Mein fünftes Auto war gar kein Auto, sondern der Prototyp eines bemannten Saugroboters für glatte Holzböden. Zu laut, zu langsam, aber durch die nach oben entweichende Abluft musste ich mein Hemd nicht mehr in die Hose stecken.

Während der Erntezeit wurde bei uns richtig geschuftet. Manchmal kamen auch die Erwachsenen vorbei und halfen mit.

Bevor wir an den Strand durften, übten wir bei uns auf dem Feldweg und gruben nach Grundwasser, ...

... denn das Brunnenwasser war bei uns den Kühen vorbehalten. Wegen der guten Milch.

Gruppenfotos wurden bei uns, wie man sieht, nach Intelligenz aufgestellt. Ich bin der zweite von rechts. Leider wurde von links gewertet.

Papa zeigte gern, was er hatte: sein Auto ...,

... seinen Wald ...,

... sein Schiff. Damit es nicht so auffiel, musste ich mit aufs Bild. Erst viel später erfuhr ich, dass Wald und Schiff nur geliehen waren.

Zu Pferden hatte ich ein seltsames Verhältnis.
Das erste Pferd wollte ich mit Tannenäpfeln füttern.
Bis man uns unter dem Baum gefunden hatte,
war Heiligabend vorbei.

In das zweite Pferd warf Papa immer Geld, damit
es auf der Stelle bockte. Reiten auf der Stelle hieß
Piaffe, wie ich herausfand. Also wollte ich Dressur-
reiter werden.

In das dritte Pferd versuchte ich auch Geld zu
werfen, aber es wehrte sich. Beim Konditions-
training zogen wir einen Pflug und Opa hinter uns
her. Spannend war beim Reiten immer, wer zuerst
einschlief, das Pferd oder ich.

Hier mein drittes Pferd in einer seiner typischen
wilden Actionszenen. Seine Frisur machte Britney
Spears später weltberühmt. Ich beendete die
Dressurreiterkarriere kurz nach dieser Aufnahme
wegen Steißbeinarthrose und Differenzen mit dem
Management.

Misslungener Versuch, einen Hauseckenstrauch zu fotografieren, ohne dass ein Erstklässler im Bild steht.

Ich wollte Papa erzählen, dass der Weihnachtsmann seine Schuhe geklaut hat, aber Papa war gerade nicht da. Als ich die Tüte mit Geschenken hatte, war mir aber sowieso alles egal.

Meine erste Gitarre. Sie hatte sechs Knöpfe und klang so ähnlich wie mein Teddy. Meine Schwester hatte eine E-Gitarre mit Fußpedalen, nannte sie aber Heimorgel.

M

wie

Das ostfriesische Buchstabieralphabet

Wer kennt das nicht: Du hast einen langen oder exotischen Namen oder einen langen UND exotischen Namen und kommst aus einem Ort mit einem noch exotischeren und noch längeren Namen, und dann stehst du auf dem Amt oder mit dem Handy an der Hauptverkehrsstraße und wirst nach genau diesen Angaben gefragt.

Das folgende Gespräch läuft in etwa so ab:

Schritt 1:

Du weißt, es ist reine Zeitverschwendung, deinen Namen und deinen Wohnort auszusprechen. Aber du bist ein guter Mensch. Du tust es trotzdem.

Schritt 2a:

Gegenfrage: „Können Sie das bitte buchstabieren?" Grübeln. Stille.

Schritt 2b:

Das Gespräch mündet in den völlig hilflosen Versuch, das Gehörte in eine Reihenfolge von Buchstaben zu puzzeln und diese natürlich unvollständig oder komplett falsch aufzusagen.

Schritt 3:

Du lehnst den Vorschlag höflich ab, weil du eine Routine entwickelt hast, all die fantasievollen Variationen deines Namens mit freundlichem Lächeln, gütigem Blick und in ruhigem, keinesfalls vorwurfsvollem Ton zurückzuweisen, ohne dem Fragenden jedoch Mut zu machen, es gleich nochmal zu versuchen.

Schritt 4:

Du buchstabierst deinen Namen. So langsam und so deutlich, wie es dir möglich ist.

Schritt 5:

Der Name wird wiederholt – annähernd so falsch wie zuvor in Schritt 2b. Grund: Hörprobleme, schlechte Telefonverbindung, AirPods im Ohr festgewachsen, oder der 35-Tonner, der gerade auf der Hauptverkehrsstraße vorbeifährt.

Fehler-Hits:

Die Buchstaben f und w verwechselt, b und p, g und k, o und u, ai statt ei, ei statt ey, ey statt ay, ay statt ai, das Dehnungs-h vergessen, einfaches statt doppeltem s. Kurzum: Es ist ein Desaster.

Schritt 6:

Du greifst zum letzten Mittel – dem Buchstabieralphabet. Du gibst den Einzelteilen deines Namens eigene Namen. Wenn du beispielsweise „Uwe" buchstabieren musst, heißt das zum einen, dass dein Gegenüber wirklich was mit den Ohren hat, und zum anderen, dass du deinen Vornamen in neue Vornamen aufspaltest. Im Falle von „Uwe" sagst du also im Sinne des offiziellen deutschen Buchstabieralphabets: „Ulrich – Wilhelm – Emil", obwohl du weder Ulrich noch Wilhelm noch Emil heißt. Die Frage, warum jemandem, der „Uwe" nicht verstanden hat, „Ulrich" eine Hilfe sein sollte, bleibt ein ewiges Geheimnis der Gelehrten von Eselsbrückenhausen. Am Ende wirst du als Uwe Ulrich Wilhelm Emil aktenkundig. Aber wenn du Janssen heißt, ist jedes Unterscheidungskriterium recht.

Wenn du tatsächlich Janssen heißt und nicht Jansen, Jahnsen, Janzen oder Janßen, sagst du also im Zweifel so etwas wie: „Jakob – Anton – Nathan – Samuel – Samuel – Emil – Nathan". Was korrekt wäre. Wenn

du das offizielle Buchstabieralphabet nicht parat hast oder du sowieso immer machst, was du willst, sagst du vielleicht auch: „Josef – Albert – Norbert – Stefan – Stefan – Erich – Norbert". Achtung: Ob Stefan oder Stephan, spielt in diesem Fall keine Rolle.

Wenn du mit Leib und Seele Ostfriese bist, sagst du vielleicht: „Jantke – Aline – Nanke – Sjut – Sjut – Eike – Nanke", es müssen ja nicht nur männliche Vornamen sein. Es bleibt die Frage, ob das am Ende weiterhilft oder das Gespräch in einen Teufelskreis abgleitet, die Namensspirale des Todes, die ins Nichts oder zu nichts führt. Jedenfalls nicht bis Feierabend.

Und da das Buchstabieralphabet ohnehin vor der Reform steht und Vornamen nun gegen Orte ausgetauscht werden sollen, kommt hier die ostfriesische Buchstabiertafel, mit der du in Ostfriesland nie in Verlegenheit kommst, weil alle, auch die Schwerhörenden, wissen, worüber du redest. Und wenn nicht, schreibst du es eben auf.

Die ostfriesische Buchstabiertafel
(Orte mit um)

A	Accum
B	Bingum
C	Critzum
D	Dunum
E	Esklum
F	Filsum
G	Grimersum
H	Haxtum
I	Irrtum
J	Jemgum
K	Klein Holum
L	Logabirum
M	Midlum
N	Norduppum
O	Oldersum
P	Pilsum
Q	Quantum
R	Rysum
S	Schirum
T	Twixlum
U	Uttum
V	Visum
W	Wirdum
X	Xantum
Y	Yokum
Z	Zudum

Aufgabe:

Finde die sechs erfundenen Orte.

Die ostfriesische Buchstabiertafel
(Orte ohne um)

A	Aurich
B	Burhafe
C	Carolinensiel
D	Detern
E	Esens
F	Firrel
G	Greetsiel
H	Halbemond
I	Ihlow
J	Jümme
K	Krummhörn
L	Leer
M	M (ostfriesische Stadt mit einem Buchstaben)
N	Norderney
O	Ostbense
P	Pfalzdorf
Q	Q-dorf (Aushilfe, eigentlich Kuhdorf, Sammelbegriff)
R	Rhauderfehn
S	Spiekeroog
T	Theener
U	Uttel
V	Victorbur
W	Wittmund
X	Xtum (Aushilfe, eigentlich Extum)
Y	Yenredron (Aushilfe, Norderney von hinten)
Z	Zwischenbergen

Die ostfriesische Buchstabiertafel
(Essen & Trinken)

A	Aalbrötchen
B	Buskohl
C	Chili von Arne
D	Doornkaat
E	Elführtje
F	Friesengeist
G	Grog
H	Hüdel
I	Ieskold Korn
J	Jever Pils
K	Kluntje
L	Linienaquavit
M	Matjes
N	Neujahrskuchen
O	Ostfriesentorte (Seite 98)
P	Prüllkers
Q	Quappen
R	Rullekes
S	Sniertjebraa
T	Tee
U	Updrögt Bohnen
V	Verpoorten
W	Wurstbrot
X	X und hopp
Y	Yogi-Tee (Ossi-Edition)
Z	Zimtwaffel

Die ostfriesische Buchstabiertafel
(Sonstiges)

A	Anner Mol
B	Boßeln
C	Camping
D	Deich
E	Ebbe
F	Flut
G	Gegenwind
H	Harijasses
I	Iesenbahnpahlupundaaldreiher
J	Jauche
K	Kuh
L	Landei
M	Moin
N	Noberskopp
O	Otto
P	Platt
Q	Qualle
R	Radfahren
S	Seehundaufzuchtstation
T	Tied
U	Utkiek
V	Vordeich
W	Watt
X	XXL-Ostfriese
Y	Yachthafen
Z	Zwergmöwe

S wie

Grog Around the Clock

Reden wir über Grog. Grog ist ein alkoholhaltiges Heißgetränk, dessen Zubereitung relativ einfach ist und selbst in Nachschlagewerken für Kochamateure als „simpel" klassifiziert wird.

Grog besteht in seiner Grundform aus Rum, heißem Wasser und Zucker. Die Priorität der Zutaten lässt sich aus der wegweisenden Formel „Rum muss, Zucker darf, Wasser kann" ablesen. Die Formel gibt es in verschiedenen Varianten mit einer Konstante: Rum muss. Oder anders gesagt: Kein Rum darf nicht. Alles andere kann, aber muss nicht. Vorteil: Wenn kein Wasser und kein Zucker da sind, kann man trotzdem Grog trinken. Wenn vielleicht auch nur einen, sollte man anschließend noch Wege in aufrechtem Gang zurücklegen wollen.

Ostfriesen trinken oft Grog. Wenn es kalt ist. Wenn es kalt werden könnte. Und in Zeiten luschiger Winter: wenn es eigentlich kalt sein müsste. Grog. Der Ostfriese nennt es Prophylaxe. Wenn's denn doch noch kalt wird, ist man schon warm. Um die wärmende Wirkung nicht abschwellen zu lassen, halten manche Grogtrinker den Wärmespiegel durch stetige Zufuhr über den ganzen Tag verteilt, sie nennen es „Grog around the clock".

Andere wenden Grog in verschiedenen Ruhetherapien an: Rum stehen, Rum liegen, Rum sitzen. Der nächste Schritt wäre Grog auf Krankenschein, aber da sträuben sich die Krankenkassen noch, die einen mehr, die anderen weniger, je nach Grogtrinkerquote in der Belegschaft. Der letzte Beweis für die gesundheitsfördernde Einnahme von Grog ist eben noch nicht erbracht.

Ostfriesen trinken oft Grog.

Wenn es kalt ist.

Wenn es kalt werden könnte.

Die Geschichte des Grogs erzählt man sich in verschiedenen Varianten. Mit einer Konstante: Aus Hannover kommt er nicht. Das merkt man noch heute. Wenn man als Ostfriese in Hannover einen Grog bestellt,

muss das nicht zwingend zum Erfolg
führen. Nicht jede hannoversche Lokali-
tät führt Grog. Was von Menschen aus
Grogregionen wie hier an der Küste
gelegentlich mit Unglauben zur Kennt-
nis genommen wird. Genau wie das
Weizenbier, das sie vor die Nase gestellt
bekommen, obwohl sie ein Jever bestellt
haben, die Bedienung aber „Hefe" verstanden hat. Weil „Jever" außer in Jever
und umzu – selbst in der Jever-Werbung
– zu „Jewer" verbogen wird. Gerade
in HannoVer sollte man diesen Quatsch
schon aus Protest nicht mitmachen.

Vielleicht ist es also auch kein Wunder,
dass das mit dem Grog nicht überall klappt,
und wenn, dann mit 2 cl Rum. 2 cl Rum und
dann auch noch Wasser? Das ist kein Grog.
Damit gurgelt der Ostfriese nach dem Zäh-
neputzen. Sieht schon aus wie Apfelschorle.
Naturtrüb. Dann kann man auch gleich die
Wärmflasche leer trinken. Grog fängt ab
4 cl Rum an, erst dann leuchtet er kräftig
und schmeckt, bis man selber leuchtet.

In Hannover muss man gelegentlich einen Rum dazubestellen und
die Plörre dann selbst in einen trink-
baren Zustand versetzen.
Pimp my Grog. Auch preislich.

**Dann lieber auf Krankenschein.
Abwarten und Grog trinken.**

Orte,

die man
gesehen
haben muss

Das Prinzip Modern Talking

Normalerweise ist die Reihenfolge an Küsten mit Bademöglichkeit so: Wasser, Strand und danach Deich, Kiosk und der Rest der Welt. Das hat zumeist logische Gründe, hat mit leichter Erreichbarkeit zu tun und damit, dass Papa und Mama die orangefarbenen Schwimmflügel ihrer planschverrückten Kinder bei Hochwasser immer im Blick behalten wollen. You can wink if you want. Überall in Ostfriesland ist diese Reihenfolge gleich, ob auf Spiekeroog, Borkum oder Norderney, ob in Bensersiel oder Harlesiel: Wasser – Strand – Rest.

Fast überall.

Denn in einem kleinen Örtchen in der Krummhörn ist es anders.

Haben sie in Upleward etwas durcheinanderbekommen? Oder sind es ganz ausgefuchste Marketing-Profis? Denn in Upleward lautet die Reihenfolge: Wasser – Deich – Strand. Es ist nicht irgendein Strand, es ist der

Trockenstrand von Upleward!

Was – außer bei Regen – stimmt. Es soll sogar der weltweit erste gewesen sein. Die Zahl der Nachahmer hält sich weltweit bislang auch in Grenzen – was ausschließlich mit mangelnder Fantasie zu tun hat. Denn die meisten Menschen gehen davon aus, dass Meer und Strand eine Einheit bilden müssen. Aber wo steht denn das? Haben sie sich in Upleward auch gefragt. Zu Recht! Nehmen wir Modern Talking. Wenn Dieter das Wasser war und Thomas der Strand, dann war Nora der Deich, der die Verbindung spaltete. Und? Auch getrennt sind beide erfolgreich. Genau so macht es Upleward. Mit dem Prinzip Modern Talking. You can swim if you want.

Die Vorteile eines vom Wasser getrennten Strandes liegen auf der Hand: Schutz der Sandburgen bei Sturmflut, niemand glotzt, wenn du rückenschwimmst wie ein Raddampfer. Beim Beachvolleyball fliegt der Ball nicht ins Wasser. Man guckt beim Sonnenbaden nicht die ganze Zeit auf die nahen Niederlande. Und der Tidenstand ist jedes Mal, wenn du über den Deich kletterst, eine Überraschung: Wenn beim nächsten Badegang Ebbe ist, bist du wohl eingenickt. Ist ja auch schön ruhig am Trockenstrand von Upleward. You can sleep if you want.

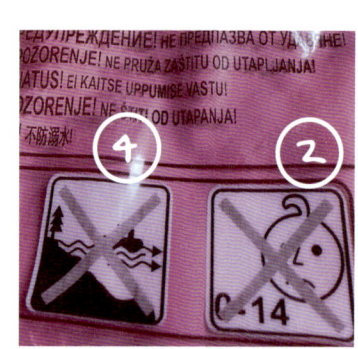

ENDAST FÖR SIMKUNNIGA!
... PRE PLAVCOV!
... DLA PLYWAJĄCYCH!
...NIAM KAS PROT PELDĚT!
...MS PLAUKTI!
...MO PLAVALCEM!
...ĖRI

...KULE!

10m

max.
90kg

1   0

100 %

⑤

③

ПРЕДУПРЕЖДЕНИЕ! НЕ ПРЕДПАЗВА ОТ УДАВЯНЕ!
OZORENJE! NE PRUŽA ZAŠTITU OD UTAPLJANJA!
...ATUS! EI KAITSE UPPUMISE VASTU!
OZORENJE! NE ŠTITI OD UTAPANJA!
不防溺水!

④   ②

C-14

Tragende Teile

Dieser Text handelt vom Versuch, nach 40 Jahren mal wieder etwas zu machen, wozu man in der Zwischenzeit einfach nicht gekommen ist. Bei Abba ist es neue Musik. Ich begnügte mich damit, eine Luftmatratze aufzublasen und damit im besten Fall ein Strandgewässer zu befahren. Anfangs dachte ich noch, ein Abba-Album sei mehr Arbeit.

Wer heutzutage eine Luftmatratze aufblasen will, muss erst mal die Luftmatratze lesen. Auf das stinkende, pinke Plastik sind Dutzende Piktogramme gedruckt, auf denen steht, was man alles nicht machen darf, um die Benutzung zu überleben. Zum Beispiel (1) über 90 Kilo wiegen. Oder (2) unter 14 Jahren alt sein, was für einen Moment bei dem noch zusammengelegten Ding Zweifel nährt, ob man da das richtige aufblasbare Spielzeug gekauft hat.

Viele der Piktogramme sind kleine Ratespiele. (3) könnte entweder bedeuten: auf der Luftmatratze nicht schaukeln. Oder: bei WLAN nicht onanieren. Bild (4) könnte heißen: nicht zu weit vom Festland entfernen. Oder: keine Nadelbäume mit aufs Wasser nehmen. (5) könnte das offene Ventil darstellen. Oder auch ein pinkelndes Männchen, das seinen Kopf auf Händen trägt. Daneben steht in 15 Sprachen der schriftliche Hinweis, dass die Luftmatratze nicht vor dem Ertrinken schützt. Dabei dachte man immer, Luftmatratzen seien in Notfällen besser als keine Luftmatratzen. Tragende Teile.

Wer nach 40 Jahren vergessen hat, wie viel Luft eine Luftmatratze verlangt und wie stark man das ebenfalls stinkende Gummiventil zusammendrücken muss, wenn man

Tipp für Anfänger an der Nordsee: bei Ebbe anfangen, damit man bei Hochwasser fertig ist.

reinbläst, hat hoffentlich nichts mehr vor. Leider fehlt auf der Luftmatratze der Hinweis, bei welcher Gesichtsfarbe das Aufpusten kurzfristig einzustellen ist. Lunge, komm bald wieder. Eine Pumpe hätte den Job angeblich auch erledigt.

Im fertigen Zustand sieht das pinke Ding dann irgendwie doch unanständig aus. Wird auch bald dunkel. **Nächstes Mal: Stand-up-Paddling. Oder ein neues Abba-Album.**

Cool
am ostfriesischen Strand

Heiraten! Das geht an manchen Stränden. Also tun Sie's! Auch mal spontan. Die Folgen von Heirat werden gemeinhin überschätzt. Oder zur Adoption freigegeben. Und wenn es doch nicht klappen sollte oder man die neue Gemahlin immer wieder Franzi nennt, obwohl sie Fritzi heißt, …

… Scheidung! Das ist am Strand offiziell nicht vorgesehen, lässt sich aber bestimmt einrichten, wenn man bei der Behördenanfrage eine Flasche Friesengeist abstellt und eine Packung „Merci" dazulegt, die eigentlich für Franzi war.

Ausgefallene Strandtücher wie beispielsweise das der Zeitschrift „Lohnunternehmen", das es neben einer Waschpaste für ein Abonnement gibt. Auf dem Handtuch steht „Lohnunternehmen". Ein Alleinstellungsmerkmal. In jeder Hinsicht.

Coole Musikinstrumente wie Zugposaune, Fagott oder Kesselpauke. Bei Blasinstrumenten aufpassen mit dem Sand. Das knirscht so hässlich im Mund.

Schnäuzer in der Form von Spiekeroog.

Ganzkörperbadehosen im gestalterischen Spektrum zwischen Borat und Teletubbies.

Zu Songs von Godewind eine wilde Tanzparty feiern.

Der Liebsten mit Sonnenmilch ein Herz auf den Rücken cremen.

Vor der untergehenden Sonne in Zeitlupe aus dem Wasser steigen wie Halle Berry in „Die Another Day" – als Mann.

Im SB-Restaurant Volleyball spielen, ohne die anderen Gäste zu stören.

Uncool
am ostfriesischen Strand

Das Wort „Ostsee" in den kausalen Verbindungen „immer Wasser", „klares Wasser" und überhaupt.

Sandburgen mit gusseisernen oder Stahlbauelementen wie Wendeltreppen, Zugbrücken oder Guillotinen im Burghof.

Das Kind im aufblasbaren Schwimmpanzer „Pearl Harbor" vor der Küste patrouillieren lassen, obwohl man lieber selbst fahren würde.

Den Kindern vorenthalten, dass man die Sonnenmilch in genau so eine Tupperdose abgefüllt hat wie die Mayonnaise, mit der sie sich gerade eincremen.

Strandmuscheln in der Größe von Baltrum.

Badehosen, die 1995 als „zeitlos" verkauft wurden.

Blockflöten und befreundete Tenöre, die nichts mehr zu verlieren haben.

Möwen füttern sowie Tauben, Singvögel, Greifvögel, Aasfresser, fliegende Fische und fremde Kinder.

Beim Gang zum Kiosk Geld in Badehosen verstauen, die keine extra Taschen haben.

Sich in der Schlange des SB-Restaurants abzutrocknen und umzuziehen, weil man sonst keinen Platz mehr bekommt.

Sich von schweigsamen Fremden in langen Mänteln und Sonnenbrillen tief im Sand einbuddeln lassen.

Sich trotz Harndrang tief im Sand einbuddeln lassen.

No Brett, No Fun

Heute gehen wir an den Strand. Was nehmen wir mit? Brettspiele? Nein, natürlich unsere Funsportausrüstung. Bei den Fun-Sportarten, deren Gegenstück – die No-Fun-Sportarten – sich komischerweise nie durchgesetzt haben, gibt es immer wieder neue Trends. Und es gibt die Klassiker.

Zum Beispiel Strandtennis.

Ist ja irgendwie auch ein Brettspiel. Zwei Holzbretter, ein Ball, keine oder blöde Regeln. Wenn zwei oder mehr Menschen sich mit Schlägern Bälle zuspielen, spricht man von Rückschlagsportarten. Bei Strandtennis macht das Sinn, man kann es durchaus als Rückschlag für den Sport bezeichnen.

Am Strand sind Rückschlagsportarten sehr beliebt, aber nicht zielführend. Federball ist Blödsinn, wenn einer gegen den Wind spielen muss. Tischtennis ist ohne Platte nur der halbe Spaß, auch wenn man zwei Doofe findet, die das Netz festhalten. Für Squash braucht man eine Wand oder Sturm von vorn. Baseball ist zu raumgreifend, bringt bei Fangversuchen – Augen auf den Ball! Augen auf den Ball! – Ärger mit Strandburgenbesitzern, und bei Hochwasser will niemand im Backfield spielen. Zudem lastet auf Baseballschlägern ein Vorurteil. Am Strand

wirken sie gefährlicher als andere Sportgeräte, obwohl man auch mit einem Holzbrett problemlos verprügelt werden könnte.

Da bleibt also nur: Strandtennis. Ein kostengünstiger Haushaltssport, den man notfalls mit zwei Frühstücksbrettern und einer Zwiebel spielen kann. Die Grundmotivation für Strandtennis ist nicht Bewegungsdrang, sondern pure Langeweile. Es gibt keinen Wettbewerb, weil man nicht weiß, wie man zählen soll, oder weil man weiß, dass man sich über die Zählweise sowieso in die Haare bekommt.

Also stehen zwei gelangweilte Menschen voreinander und versuchen, sich den Ball einfach so lange wie möglich zuzuspielen, ohne dass er herunterfällt. Meist sind es Ballwechsel mit den Rückschlagsummen 0 oder 1. Strandtennis ist also analog und digital. Wichtig: Schuld für 0 oder 1 hat immer der andere, in Ausnahmefällen die tiefstehende Sonne. Eigentlich ein Wunder, dass Strandtennis Strandtennis heißt und nicht Ohmanney! Ein lauter Streit hat immerhin den Vorteil, dass er das hässliche Geräusch übertönt, das der Ball beim Aufprall auf den Schläger verursacht. So erhaben das Gefühl auch ist, wenn ein Spielgerät auf einen netzbespannten Schläger trifft und wie aus einem Trampolin zurückschnellt, so deprimierend ist das „tock" beim Strandtennis. Sollte es zum Tocktocktock kommen, ist das sportlich ein Erfolg. Aber akustisch ein Desaster. Wenn ein Sandburgenbesitzer mit einem Baseballschläger in der Nähe komisch guckt und Anstalten macht aufzustehen, wäre es Zeit, die Frühstücksbretter sinken zu lassen und sich einer anderen No-Fun-Sportart zu widmen: Strandsprint.

Eigentlich ein Wunder, dass Strandtennis Strandtennis heißt und nicht

Ohmanney!

Was tun bei Hitze?

Wenn man 12 Grad, Windböen und horizontalen Regen Mitte Juli nicht für einen Katastrophensommer hält, sondern für „mutt ja", ist man vermutlich in Ostfriesland großgeworden oder durch jahrelanges Urlauben in dieser Region assimiliert.

Woanders heißt so ein Sommer Scheißsommer, und er entwöhnt uns natürlich auch von den Gefahren, die ein echter Sommer birgt, so mit Sonne und Hitze und allem Pipapo. Heiße Nächte zum Beispiel, tropische Nächte, in denen Außen- und Innentemperatur sich bei 27 Grad die Hand reichen und mit vereinten Kräften versuchen, uns möglichst effektiv um den Schlaf zu bringen.

Natürlich hat der Mensch wie immer, wenn es lebensbedrohlich wird, Taktiken entwickelt, die das Internet bei drohendem Schlafentzug als Tipps bereitstellt. Es gibt in Deutschland mehr Hitzetipps als Hitze, vielleicht auch, weil es mit sehr niedrigschwelligen Tipps anfängt. Zum Beispiel mit dem Tipp, bei 28 Grad eher leichte, nicht eng anliegende Kleidung zu tragen. Klingt irgendwie selbstverständlich, aber auch dieser Tipp kann Menschen helfen, die im Neoprenanzug ins Bett gehen, damit sie ihn vorm morgendlichen Aquajogging schon anhaben.

Apropos Wasser: Man sollte vorm Schlafengehen Wasser trinken, damit man es später lassen kann.

Hitzetipps stehen ab Mai in allen Frauen-, Fernseh-, Apotheken-, Familien- und Autozeitschriften. Viele Hitzeempfehlungen sind überall gleich. Die Top-Tipps: viel trinken, kein Alkohol, viel Obst, kein Curry-Pommes, leichte Bettwäsche, lauwarme Fußbäder, Anstrengung in der Mittagshitze vermeiden, auch wichtig: keine Kinder, Hunde, Sprayflaschen, Schwiegermütter im Auto lassen (Reihenfolge variabel, Kombinationen möglich).

Seltener sind diese Ratschläge: Nasses Bettlaken vors Fenster hängen, um den Raum abzukühlen, kalte Wärmflasche mit ins Bett nehmen, Eiswürfeleimer vor den Ventilator stellen. Und: Computer ausschalten, weil der Wärme erzeugt. Was im Homeoffice eine total verrückte Idee ist.

Ein weiterer Tipp: Schlafanzug vor dem Zubettgehen einfrieren. Allerdings nicht länger als zwei Tage und nicht unbedingt im Fischfach, es sei denn, man steht auf so was oder schläft sowieso mit dem offenen Fenster zum Hafenbecken.

Nicht alle Tipps für heiße Sommernächte lassen sich ohne Probleme umsetzen. In städtischen Mehretagenhäusern wird empfohlen, im Erdgeschoss oder im Keller zu schlafen. Das ist einfach, wenn einem alle Etagen gehören. Natürlich kann man auch in einem Mehrparteienhaus die Nachbarn im Erdgeschoss fragen, ob man bis August bei ihnen übernachten kann. Aber was ist, wenn das alle wollen? Im Fahrradkeller ist es meistens wirklich kühl, aber im Schlafsack ist es dann doch wieder zu warm, und wenn man zu viel Wasser getrunken hat, muss man ständig hoch. Dann kann man auch gleich oben bleiben – oder im Erdgeschoss fragen, ob man wenigstens die Toilette benutzen darf.

Unbegründet ist dagegen der Neid von Obenwohnern auf Hausbesitzer wegen der Möglichkeit, einen Pool im Garten aufzustellen. Ein Balkon reicht. Auch da kann man mit etwas Geschick einen tollen Pool bauen. Einfach den Balkon mit wasserhaltender Plastikfolie auskleiden, Balkontür fest verschließen, durchs Fenster mit Gartenschlauch fluten. Kinder vom Balkon oben drüber abseilen. Kleinkinder in Poolnudel verknoten, mit Flaschen-zug befestigen, ab und zu eintunken.

Wenn Sie gegen Hitze was auspro-bieren wollen, können Sie mit einem dekorativen nassen Lappen auf dem Kopf zur Arbeit gehen, den Eimer mit Eiswürfeln IN den Ventilator kippen. Und die Balkontür aufmachen, bevor Sie das Wasser abgelassen haben.

Ein Sommernachtstraum

Sommernachtsgeschichten hat jeder auf Lager, wenn's drauf ankommt. Sie spielen zumeist draußen (wer erzählt Indoorstorys aus den Julis seines Lebens?) und in Gemeinschaft und sind in ihrer Entstehung als „total spontan" abgespeichert, weil es einfach spannender klingt.

Ein Klassiker ist nächtliches Schwimmengehen. Direkt von der Party, aus einer Laune heraus und weil der Abend zu schön war, um ihn schon zu beenden, wenn die Kneipe dichtmacht. Tatsache ist: Gerade wenn Männer solche Geschichten erzählen, klingen sie oft viel ereignisreicher, dramatischer und pannenfreier, als sie sich jemals ereignet haben. Denn nächtliches Schwimmen kann auch dann richtig in die Hose gehen, wenn man gar keine anhat.

Wichtig ist zunächst einmal Wasser. Wenn man an der Nordsee groß geworden ist, klingt das erstmal unproblematisch. Wenn man allerdings die Hochwassertermine nicht mit der Muttermilch gesoffen hat, konnte es in sorg- und handylosen Zeiten sein, dass man zur Offzeit auf dem Deich stand und eine Wattwanderung aus unterschiedlichen Gründen keine Alternative war.

Hatte man spontan Glück oder das Gezeitenkärtchen dabei, war die Grundvoraussetzung geschaffen. Nächstes Problem: die Dunkelheit. Und solange das gemeine Deichschaf noch nicht zum geregelten Toilettengang domestiziert ist, fängt das Problem schon vor dem Wasser unter den Schuhen an. Auch wichtig war es, nach dem Entledigen der Klamotten in etwa zu wissen, wo man das getan hat – und vor dem Badegang die Badegang einmal durchzuzählen, um nicht auf der Rückfahrt festzustellen, dass der Sven mit seinem nachlassenden Orientierungssinn vermutlich gerade Richtung Langeoog kraulte.

Wenn dann noch jemand gerade „Piranhas" oder „Der weiße Hai" gesehen hatte, konnte die Stimmung schnell kippen. Und das, obwohl die Chance, diese Tiere zwischen Bensersiel und Langeoog zu treffen, noch unwahrscheinlicher war als die, dass dem nackten Sven auf Langeoog irgendjemand die Geschichte glaubt.

Aber als Sommernachtsgeschichte – große Unterhaltung.

Wundersames Ostfriesland (11)

Entfernung: 600 Meter

Supermächte unter sich

Wo rohe Kräfte sinnlos walten – da entstehen manchmal ganz große Dinge an der südlichen Nordsee. Wer von Amerika nach Rußland will, kann das umständlich und teuer haben, er kann aber auch einfach zu Fuß gehen. Das geht natürlich nur mit der völkerverbindenen Kraft Ostfrieslands in, der Name sagt es ja schon, Friedeburg.

Was den Namen des Ortsteils Rußland angeht, kommt das andere Russland, das große im Osten, insgesamt nicht so gut weg. Denn eine der Legenden besagt, dass einem der Manierlichkeit nicht sonderlich zugeneigten Bauern des Orts vor 100 oder mehr Jahren ein Benehmen „wie ein Russe" nachgesagt wurde. Eine andere Version bescheinigt dem Grund und Boden schlechte Noten in puncto Nutzbarkeit. Wie in weiten Teilen Russlands eben. Halten wir es doch freundlicher: „Raues Land" tut es als Vorlage auch.

Und damit nicht genug. Ein paar Gehminuten weiter landet man in Amerika, im Wilden Norden, von Rußland aus gesehen. Unerfüllte Auswanderungswünsche waren sinnstiftend für diesen Namen. Motto: Wenn wir es schon nicht nach Amerika schaffen, gründen wir hier unser eigenes. Es ist ein Amerika der kurzen Wege, das mit einem Highway auskommt und Ortsschildfotografen gewohnt ist. Zudem ist es trumpfrei, wolkenkratzerlos und bislang ohne nennenswerte Filmindustrie – und kann damit offensichtlich sehr gut leben. So gut wie mit Rußland. Das ist wahre Supermacht.

Die Welt möge sich ein Beispiel nehmen.

40 Kühe

Hatte ich schon erwähnt, dass ich aus Holtgast komme? Zwischen Utgast und Hartsgast, Fulkum, Uppum, Damsum, Dunum, Thunum, Werdum, Klein Holum, Groß Holum, Westochtersum und Ostochtersum.

Ich bin nicht auf einem großen Hof aufgewachsen (plattdeutsch: Burenplaats), aber immerhin in einem Landhaus. Wir hatten zwei Kühe, im Schnitt acht Schweine und zwanzig Hühner plus meine Schwester. Dazu ein paar Katzen, Anzahl unterschiedlich, je nach Paarungsstand und Wurfquote, das weiß man ja immer nicht so genau. Ein Schweinestall (plattdeutsch: Swienhuck) war im Schuppen untergebracht. Ein anderer im Haus, dort, wo später das Gästezimmer war. Einen kausalen Zusammenhang gab es nicht. Allerdings, hätten wir gewusst, dass irgendwann Biourlaub total in ist, dass die Leute in Ställen übernachten und das richtige Landleben riechen und schmecken wollen, dann hätten wir die Schweine rausgejagt, einmal durchgefeudelt, drei Strohballen und eine Pferdedecke rein – und: 150 Mark die Nacht mit original Haarewaschen morgens draußen im Graben. Aber das wussten wir ja damals nicht.

Neben dem Schweinestall standen die beiden Kühe in einer, ja, Doppelgarage, würde man in der Stadt sagen. Das offene Abführsystem der Vierbeinertoilette führte am Plumpsklo für Zweibeiner vorbei – direkt in die Güllegrube (plattdeutsch: Jauchback). Hinter dem Haus thronte ein amtlicher Misthaufen (plattdeutsch: Messfolt).

Vom Kuhstall gelangte man an den Schweinen vorbei in die Dreschdiele (plattdeutsch: Döschdeel) und über eine Holzleiter auf den Heuboden (plattdeutsch: Böööööhn). Up Döschdeel wurden auch die Schweine geschlachtet und hinterher – ausgeräumt und aufgeklappt – an der Holzleiter ausgehängt. Eine Veranstaltung, der ich mit turnusmäßiger Abscheu ferngeblieben bin. Wie sagt die alte Bauernregel: Wenn im Hof der Schlachter parkt, kriegt das Schwein 'nen Herzinfarkt. Da ist was dran.

Der Wohnbereich war vom Stallbereich nicht durch eine geruchsneutrale Sicherheitsschleuse getrennt, was sachdienlich gewesen wäre, sondern durch eine einfache Tür, die von Menschen und Katzen in beide Richtungen und von Fliegen in eine

Richtung genutzt wurde. Der erste Raum des Hauses war die Waschküche (plattdeutsch bei uns: Achterköken), von wo aus man in die Wohnküche gelangte. Unsere Jacken hingen in der Waschküche, was dazu führte, dass meine Mitschüler immer olfaktorisch erfassen konnten, wann bei uns die Tür zum Stall aufgestanden hatte.

Schrecklich? Richtig. Aber diese, ja, persönliche Note einte mich mit Elke aus dem Nachbardorf. Elke wohnte auf einer richtig großen Burenplaats – Sie wissen ja jetzt, was das ist, also 30 Hektar Land, 40 Kühe, übern Daumen. Mit anderen Worten war Elke eine gute Partie. Aber: Jacken in der Waschküche.

Harijasses! Nicht zwei Kühe! 40! Wie sagt der Volksmund: 40 Kühe riechen mehr als zwei. Das wussten in der Schule alle. Außer mir. Denn Elke und ich neutralisierten uns sozusagen geruchlich. Wie Raucher und Knoblauchesser. Wir waren auf der gleichen Welle. Elke und ich – Seelenverwandte. Das war eine Stallvorlage. Vor allem für mich. Nicht nur wegen Elke. 40 Kühe! Da muss man in Ostfriesland zugreifen.

Obwohl ich ja als Intellektueller galt. Ich hatte eine Brille und wollte von den zu erwartenden Nettoeinnahmen der Konfirmationsfeier eine Stereoanlage anschaffen, kein Mofa, wie alle anderen.

Bei Elke hieß das: Game over. Elkes Klientel war Lederjacke und Krümmer absägen. Ich war Barclay James Harvest. Harvest! Ernte! Ernte gut, alles gut! Dachte ich.

Von wegen. Ernte schlecht, Elke wech. Sie brauste von dannen. Und zwar hinten auf einer Puch Maxi, einem Angebermofa mit abgesägtem Krümmer. 65 Spitze, ohne Helm, die Haare im Wind, die Hände in eine Kunstlederjacke von einem Spargeltarzan gekrallt, den man per Taschenlampe röntgen konnte. Er: stolz wie Bolle auf seinen Fang. Und sie: mit ihrer Jacke ganz nah an seiner.

Und ich dachte: Ja, schmieg dich ruhig an! Jacken in der Waschküche! Schmieg dich ruhig an. Hmmmm! Die Jacken sollen eins werden. Hmmmmmm!

40 Kühe sollen in dich fahren, Mofarocker!

Und wenn du dann zwischen deinen Jungs stehst, mein Freund, in der Kunstlederjackengang, und die denken: "Hmmmmmm, hast du ein totes Tier in der Hose?", dann höre ich Barclay James Harvest, mein Freund. Denn stille Wasser sind deep and the mountains so high!

Und dann wird Elke irgendwann am offenen Fenster vorbeigehen, ich kann sie nicht riechen, aber ich weiß, dass sie da ist, denn die Topfblumen werden welk, und ich eile zu ihr und sage: "Elke, bei mir steht immer eine Stalltür für dich offen!"

Manchmal denke ich: Bei uns auf dem Land, da war richtig was los!

40 Kühe!
Da muss man in Ostfriesland zugreifen.

Harijasses!

Harijasses! (nä!)

Ist die plattdeutsche Form von „Herr Jesus" und beschreibt ein unmittelbares Ereignis von gewaltigem Ausmaß. Beispiel: Gegenwind auf freier Fahrradstrecke in Küstennähe ohne Aussicht auf Richtungsänderung.

Inside Plattdeutsch

Wat wullt du?

Ist eine übliche Begrüßung des allgemeinen Geschäftslebens, eine Dienstleistungsformel der ostfriesischen Höflichkeitsklasse III. Es bedeutet: „Hallo, schön, dass du da bist, ich bin der Klaas, was kann ich für dich tun?"

Klei mi ann Mors

Ist die Einforderung einer symbolischen Dienstleistung, die so in den meisten Fällen nicht erbracht wird. Vor dem Arbeitsgericht Hamburg stritten sich die Rechtsgelehrten 2009 darüber, ob „Klei mi ann Mors" eher im Sinne von „Kratz mich am Hintern" oder im Sinne von „Leck mich am Arsch" zu verstehen sei. Das Gericht entschied: Ersteres. Insofern sei „Klei mi ann Mors" kein Kündigungsgrund, wenn nicht schon eine Abmahnung vorliege. Also: Falls Ihnen mal jemand sagt: „Klei mi ann Mors", es ist nicht bös' gemeint. Ihr Gegenüber hat sich nur nicht gewaschen und fragt, ob Sie mal kratzen können.

Nee mann nee mann nee mann nee mann nee

Ist die plattdeutsche Entsprechung zu „Mann Mann Mann" und drückt Empörung aus, wobei sich daraus bei Ostfriesen nicht zwingend eine Handlung ableitet. Es bedeutet vielmehr: „Ist total doof, geht mir aber drei Meter fuffzich am Allerwertesten vorbei!"

Deist mi noch een?

Heißt übersetzt „Tust du mir noch einen" und ist ein Klassiker der Thekenkommunikation. Es ist zumeist eine Nachfüllanweisung für Bier oder Schnaps oder beides. Und es steht in der Tradition des ostfriesischen Tuwortes „tun" im Sinne von „geben". Beispiel: „Tust mir mal die Butter?"

Willen wi eben na buten gahn? Wa?

Ist eine sehr übliche Frage aus der friesischen Nachtlokal-Diplomatie und wird vor allem von Männern gegenüber Männern benutzt, nicht selten nach zu vielen „Deist mi noch een". „Willen wi eben na buten gahn?" bedeutet: Lassen Sie uns, um die anderen Gäste nicht zu stören, unser kontroverses Gespräch vor der Tür fortführen und gegebenenfalls auf physische Argumentation ausweiten. Ich respektiere Ihre Gründe, anderer Meinung zu sein oder meine Freundin angeguckt zu haben, weise aber darauf hin, dass ich am Ende solcher Diskussionen oft recht behalte. „Willen wi eben na buten gahn" kann bei intensivem Schlagabtausch in eine Gruppendiskussion übergehen, getreu dem Motto „Hart, aber fair."

Das „Wa?" ist ein plattdeutsches Multifunktionswort. Zum einen ersetzt es die höfliche, aber zeitraubende Nachfrage bei akustischen Missverständnissen „Ich habe dich nicht verstanden, vielleicht auch, weil ich nicht zugehört habe, könntest du das also noch einmal wiederholen, bitte?" Bei inhaltlichen Unklarheiten oder Unverständnis fragt der Ostfriese anders nach: „Watt?"

Zum anderen steht das „Wa?" für das Verlangen nach verbaler Bestätigung, ähnlich dem Hochdeutschen „Nicht wahr?" Beispiel: „Dat is ja kold, wa?"

Ist der Ostfriese in höchstem Maße erstaunt oder irritiert, kann das „Wa?" mit einem „Näää" kombiniert werden oder auch komplett allein stehen.

Beispiel: „Näää, wa?" oder einfach „Wa?"

Dat is nich verkehrt

Ik mutt up huus daal.

Ist eine der höchsten Formen ostfriesischer Anerkennung, fast eine Schwärmerei, gern im gastonomischen Bereich angewendet. Es heißt: So etwas habe ich noch nie gegessen, es schmeckt fantastisch. „Dat is nich verkehrt".

Noch einmal Kneipenkommunikation. „Ik mutt up huus daal", wörtlich: „Ich muss aufs Haus zu" ist die Ankündigung des allmählichen Rückzuges von der Theke, beinhaltet aber noch mindestens einen, wenn nicht drei Absacker. „Ik mutt up huus daal" ist ein Hilferuf. Die Aufforderung an Wirt und Mittrinker, Gründe zu finden, nicht nach Hause zu gehen. Ein gutes Argument ist Nachschenken. „Sall ik di noch een don?" „Jo, dat is nich verkehrt! Wa?"

Nee, lat man.

Klingt wie „Mach dir keine Umstände", ist aber die höchste Form der Ablehnung, auch hier geht es um ältere Friesen und Dinge, die sie als zubereitete Nahrung noch nie gesehen, geschweige denn gegessen haben. Innen: brrrrrrrr. Außen „Nee, lat man".

Niedersachsen, altes Luder!

Ostfriesland ist Ostfriesland, aber irgendwie ja auch Niedersachsen. Und das ist aus niedersächsischer Sicht zweifellos das unbestritten beste Bundesland der Welt, geboren 1946, im rüstigen Rentenalter. Ein Bundesland, das sich das Kürzel NDS mit einer katholischen Ordensgemeinschaft, einer bulgarischen Partei und einer Spielekonsole teilt und trotzdem alles kann – inklusive Hochdeutsch. Niedersachsen hat kein Obwohl, sondern Weil. Niedersachsen, das sind knapp 50.000 Quadratkilometer Volldampf mit Wasseranschluss, und zwar Abfluss und Zulauf. Ein Bundesland, das gerne baden geht und aus der Tatsache, knietief im Modder zu stehen, kein Gewese macht, sondern ein Weltnaturerbe. **Wegen der Ostfriesen.**

Seien wir ehrlich: Hätte Deutschland Niedersachsen statt vermeintlicher Leistungssportler zu den Olympischen Spielen nach London, Rio, Tokio geschickt, hätten wir immer Gold im Schwimmen geholt. **Denn Niedersachsen ist auch schnell. Trotz der Ostfriesen.**

Denn warum hat Niedersachsen – natürlich das größte nicht-CSU-regierte Bundesland – die meisten Landesgrenzen? Es war ein Rennen ums Wasser: Alle wollten ans Meer, Niedersachsen war schneller. Acht Bundesländer (und 17 Millionen Niederländer) umschließen das Land, Niedersachsen wiederum umschließt Bremen, das Lesotho Niedersachsens, gewährt diesem aber mit der Exklave Bremerhaven freien Zugang zum Meer. Nett sind die Niedersachsen ja auch noch. Und zwar so nett, dass manche Menschen allein deshalb nach Niedersachsen kommen, um hier geboren zu werden. Das weiß man von Carl Friedrich Gauß, Wilhelm Busch, Robert Koch oder Otto Waalkes sowieso.

So weit, so bekannt, Niedersachsens Söhne und Töchter. Aber Herbert Grönemeyer? Wussten Sie das? Der kann Bochum besingen, so lange er will, Bochum übrigens, nicht Borkum. Aber er bleibt gebürtiger Göttinger. Gut, mit einem Jahr zog es ihn ins Ruhrgebiet, doch es waren selbstverständlich die niedersächsischen Wurzeln, die ihn zum Plattenmillionär werden ließen. In Wanne-Eickel wäre das nicht passiert. Aber „Göttingen, ich komm aus dir" hat ein blödes Versmaß. Jedenfalls für Grönemeyer. Barbara, die französische Sängerin, sah das ganz anders. Sie hat mit ihrem Chanson „Göttingen" in den Sechzigern Deutschland und Frankreich versöhnt, das hat Herbert nicht mal mit Dortmund und Gelsenkirchen geschafft.

Apropos Herbert: Den dienstältesten Bürgermeister Deutschlands stellt natürlich auch Niedersachsen. 34 Jahre war Herbert Schmalstieg Oberbürgermeister von Hannover! Es gibt Gerüchte, die besagen, er sei schon bei der Stadtgründung dabei gewesen. 34 Jahre, da können Angela Merkel und Jogi Löw einpacken.

Apropos Fußball: Niedersachsen deckt selbstverständlich alle Ligen ab – von der ersten Bundesliga bis in die zweite Kreisklasse, wo, um ein Beispiel zu nennen, der TuS Borkum am 27. September 2020 den Verein mit dem schönen Namen FC Hoffnung Pilsum mit 9:2 vom Kunstrasenplatz der Fritz-Klennert-Arena fegte. Aber wer Hoffnung Pilsum heißt, hat sowieso gewonnen.

Was hat Niedersachsen noch? Einen super Abgasskandal bei VW, das hatte so vorher niemand, das war innovativ und stilbildend. Eigentlich wollte der Konzern wegen des großen Erfolgs den VW Polo in VW Manipolo umbenennen. Aber da fehlte es dann doch ein wenig an Energie in Wolfsburg.

Ansonsten ist Niedersachsen natürlich auch Top-Energieland! Warum stehen auf den Weiden mittlerweile mehr Drehräder als Kühe? Ganz klar: Windenergie statt Rind-energie! Mit Milchstrom kriegt man nicht mal einen Eierkocher betrieben, und erneuerbar ist so 'ne Kuh ja auch nicht. Also Windräder. Viele Windräder. Sehr viele Windräder. Landschaftsarchitektonisch ist das so eine Sache. Ist wie beim Schnapstrinken. Ab zehn Stück sieht's scheiße aus. Die Windradmacher sehen das anders. Sie sagen: Wer braucht einen Wald, wenn er 100 Stielmühlen hinterm Haus stehen hat? Zur Not hilft noch ein bisschen Restlaufatomkraft im Land, und für die strahlende Müllentsorgung hat Niedersachsen immer Asse im Ärmel.

Wer da von Schieflage spricht, sollte in Hannovers Rathaus Aufzug fahren. Und nach Suurhusen reisen. Wer sich hier nüchtern vor den Kirchturm stellt, braucht keinen Schnaps mehr. Siehe nächste Seite.

Mensch, Niedersachsen! Für Mitte siebzig siehst du rüstig aus. Ein Rentnerland der Extraklasse. Oder zusammengefasst:

Oben nass und unten trocken,
oben flach und unten Brocken,
riechst nach Kuhstall statt nach Puder –

Niedersachsen, altes Luder!

Orte,
die man
gesehen
haben muss

Beten scheef hett Gott leev

Wer redet noch von Pisa? Da lachen sie in Ostfriesland drüber. Speziell in Downtown Suurhusen am Gotteshaus der evangelisch-reformierten Gemeinde Suurhusen-Marienwehr: 2,47 Meter Überhang bei 27 Metern Höhe macht eine Neigung von 5,19 Grad. Steht im Guinness-Buch als Weltrekordhalter für – Achtung – „nicht absichtlich schief gebaute Gebäude". Klingt wie eine vornehme Formulierung für: Die Maurer waren halt besoffen, die konnten nix dafür. Hat aber doch eher mit Absinken des Grundwassers und der folgenden Verrottung von Baumstämmen zu tun, was der Kirche den Boden unter den Füßen entzog. Nun steht er da, der Turm. Schief, aber er steht.

Der schiefste Glockenturm der Welt, der schon während der Bauzeit vergeigt wurde, steht – natürlich auch in Ostfriesland! Midlum im Rheiderland. Wie sagen wir da oben: Beten scheef hett Gott leev!

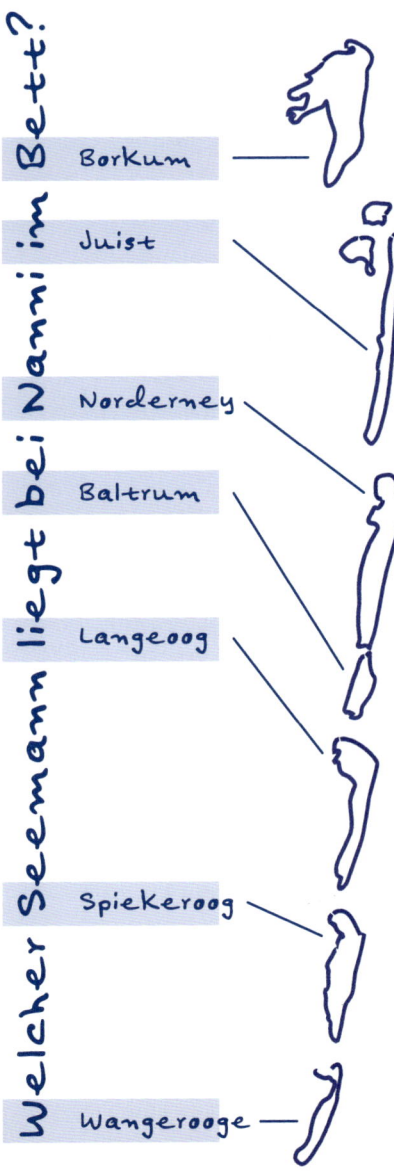

Welcher Seemann liegt bei Nanni im Bett?

Borkum

Juist

Norderney

Baltrum

Langeoog

Spiekeroog

Wangerooge

Bei Nanni im Bett

Die ostfriesischen Inseln sind merk-
würdig. Also des Merkens würdig.
Langeoog, Wangerooge, Juist, Spiekeroog, Borkum, Baltrum, Norderney – die
Namen kann man sich noch merken,
die Reihenfolge ist das Problem.

Genau dafür haben kluge Menschen
die Eselsbrücke erfunden. Eine gängige
Eselsbrücke ist das sogenannte Akronym,
das sich aus den Anfangsbuchstaben
der zu merkenden Teile zusammensetzt.
Bezogen auf die ostfriesischen Inseln
ergibt das BJNBLSW oder WSLBNJB. Das
ist im Deutschen so noch keine Hilfe.

Ich habe in verschiedenen Sprachen nach-
geschaut, aber selbst in konsonantenrei-
chen Ländern wie Tschechien, wo es Sätze
ohne Vokale gibt wie „Strč prst skrz krk"
(übersetzt: „Steck den Finger durch den
Hals") – selbst da hab ich keine Bedeutung
für BJNBLSW oder WSLBNJB gefunden.

Man kann sich behelfen, indem man
die zweiten Buchstaben hinzunimmt, da
rauschen dann die Vokale herbei und
ergeben immerhin was Aussprechliches.
Von links: BOJUNOBA LA SPIWA oder von
rechts: WASPILABA NOJUBO. Klingt wie
afrikanische Pizza, bringt aber auch nichts.

Und weil das Problem früh erkannt
worden ist, hat man die Insel-
folge in eine bemerkenswert merk-
würdige Merkfrage gekleidet:

Welcher Seemann liegt bei Nanni im Bett?
Von rechts nach links.

Der Merksatz wirft eine ganze Reihe von
inhaltlichen Fragen auf. Mal abgesehen
davon, dass der Satz zwei Wörter mit B
enthält und sowohl BEi als auch BEtt nicht
auf BAAAltrum und BOOOrkum hinweisen.
Es müsste heißen: „Welcher Seemann liegt
bei Nanni im Bottich?" Dann wäre es klarer.
Außerdem ist in dem Satz ein I. Aber es ist
Juist, nicht Ibiza. Ich heiße Janssen, nicht
IAnssen mit Eselsbrücken-IA!

Aber welche Botschaft transportiert dieser
Merksatz – welcher Seemann liegt bei
Nanni im Bett? Hier ist also die Rede von
Nanni, einem ostfriesischen Flittchen, bei
dem es gar nicht mehr darum geht, OB
ein Seemann bei ihr im Bett liegt, sondern nur welcher. Es scheint also bereits
einen Kreis von Verdächtigen zu geben,
möglicherweise namentlich bekannt, die
regelmäßig mit Nanni die Schlafstatt teilen.

Ob diese Nanni verheiratet ist oder die abtrünnige Schwester von Hanni, die damals mit schweren Depressionen aus dem Jugendinternat flüchtete, um statt auf einem Segelschulschiff anzuheuern, eher versehentlich auf dem zwielichtigen Vergnügungsdampfer „Forch Grog" landete, all das sagt uns dieser Satz nicht.

Oder ist hier gar nicht die Nanni, sondern die Nanny gemeint? Liegt also der Seemann beim Kindermädchen im Bett, und die Eltern, beide ehrbare ostfriesische Krabbenpuler auf Nachtschicht, fragen sich, wer es denn diesmal sein wird?

Denkbar wäre sogar, dass es sich bei Nanni nicht um eine friesische Dame handelt, da es im Deutschen keinen Namen gibt, von dem man Nanni sinnvoll ableiten könnte. Wohl aber im Italienischen: Giovanni. Fassen wir also zusammen: „Welcher Seemann liegt bei Nanni im Bett" schildert den Fall einer heimlichen, romantischen Liebe eines schwulen ostfriesischen Seemanns mit einem beliebten italienischen Eisdielenbesitzer, über den die Dorfgemeinschaft – halb entzückt, halb empört – tuschelt.

Hätten wir das also auch geklärt. Aber: Ist das als Merksatz nicht zu kompliziert?

Ich habe einen anderen Vorschlag: „Was sich liebt, das neckt sich."

Von rechts nach links. Man müsste nur Baltrum in Daltrum umbenennen, Juist gegen Sylt tauschen und Borkum an die Niederlande verkaufen. Dann passt es!

Nanni wäre dafür.

Wat mutt, dat mutt!

Unvollendetes Inselgedicht

Auf Baltrum, auf Baltrum,
der Winter war bald um,
trotzdem war mir kalt, drum
marschierte ich halt rum

dann wurd' es zu kalt zum
Rumlaufen auf Baltrum
Das war wie auf Amrum
Da lief ich auch klamm rum

Zur zwickenden Wade
Kam 'ne Dichterblockade
Mir fiel nix auf „um" ein
Mir fiel nur noch Rum ein

Ich wollt nicht nach Hause
nicht unter die Brause
ich wollt' in die Klause
ich Fitnessbanause

Leider ist saudumm
Das nimmt meine Frau krumm
Komm ich spät auf Baltrum
dreht sie mir den Hals um

und holt einmal kurz aus
später sieht's wie ein Sturz aus
So komm ich auf Baltrum
Nie zur Entfaltum.

Inselfeeling mit Innenpeeling

Warum sind die ostfriesischen Inseln so beliebt? Warum kennen so viele Menschen Norderney, wissen aber nicht, wo Aruba liegt? Warum Borkum statt Bora Bora? Baltrum statt Bangkok? Langeoog statt London?

Ein Blick in die Statistik hilft: Wenn man Urlauber fragt, warum sie die Ostfriesischen Inseln bevorzugen, werden folgende Gründe eher selten genannt: 35 Grad, Bergwandern, Spitzenfußball, Handyempfang, Basejumping, Sushiessen, Höhlenmalerei, Windstille, Tauchen mit Hammerhaien, Kartenzahlung, Abfahrtslauf, Erotikmessen oder Kurkonzerte mit Lady Gaga.

Häufig werden dagegen genannt: Spazierengehen, Wattwandern, Radfahren, Surfen, Reiten, Kutschfahrten, Drachensteigenlassen. Und Kitesurfen, das ist eine Art Surfersteigenlassen.

Oder Mutter-Kind-Kur. Wobei sich Mutter-Kind-Kur nicht für alle eignet, sondern vor allem für Mütter und Kinder, vorzugsweise die eigenen. Mutter-Kind-Kuren sind sehr beliebt. Auch bei den Vätern, die während dieser Zeit auch eine Art Kur machen.

Die Mütter gehen dann Nordic Walken. Stockwandern. Manchmal allein, häufig in Gruppen. Am Strand. Eine Gruppe Nordic-Walkerinnen kündigt sich an, bevor man sie sehen kann, weil die Erde leicht bebt. Räumen Sie das Gelände in diesen Situationen, leinen Sie Ihre Hunde an. Denn die Mütter sind konzentriert, und das gleich doppelt.

Denn die machen nicht nur Sport, sondern auch noch Thalasso! Thalasso ist ein Zauberwort der modernen Wellnesskultur. Thalasso ist altgriechisch und heißt einfach Meer. Grundidee: Meerwasser heilt. Einfachste Anwendung: am Strand spazieren gehen, ab und zu einatmen, fertig. Der Begriff Thalasso ist nicht geschützt. Meeresluft ist Thalasso. Das Salz – eine Art inneres Peeling. Man kann sich auf den Inseln gar nicht wehren gegen Thalasso. Manche sind so begeistert, dass sie ihre Kinder so nennen. Thalasso Müller – warum nicht?

Und wenn man wieder zu Hause ist, kann man auch Thalasso machen. Homethalasso. Einfach in die Badewanne legen, eine Dose Meersalz ins Wasser kippen und für den Seewind –bitte – nicht den Föhn nehmen, sondern Fenster und Türen öffnen. Und wenn Flaute ist, direkt wieder buchen: Juist statt Ibiza.

Räumen Sie das
Gelände in diesen
Situationen, leinen
Sie Ihre Hunde an.

Wundersames Ostfriesland (III)

Immer feurig, immer heiß

Ostfriesland ist ein Nutztierland. Bei Ostfriesland denkt niemand an Königspudel oder Nerz, die einem eher bei St. Moritz einfallen würden. Aber Ostfriesland ist aus unterschiedlichen Gründen nicht St. Moritz, und das ist aus noch unterschiedlicheren Gründen auch gut so.

Das ostfriesische Vorzeigetier ist die Kuh. Und so unberechtigt der allgemeine Vorwurf auch ist, Ostfriesland wäre in der Schwarz-Weiß-Zeit stehen geblieben – in Sachen Kuh stimmt das. Dass sie offiziell Schwarz-Bunt genannt wird, ist ihr wahrscheinlich egal. Sie ist das tierische Aushängeschild der Region. Immer nach dem Motto: Grast Schwarz-Bunt auf grüner Wiese, ist er glücklich, der Ostfriese.

Das Rind sticht damit sogar die zahlenmäßig überlegenen Schweine und Hühner aus. Wobei gerade das Huhn mit ausgefallenen Frisuren und internationalen Künstlernamen alles dafür tut, auch die Modewelt auf sich aufmerksam zu machen, wenn es anders nicht an der Kuh vorbeikommt.

Wenn man irgendwann einem schicken Chicken bei der Fashion Week oder bei Germany's Next Topmodel begegnen sollte – es kommt vermutlich von der Küste. Oder direkt vom Eiland.

Diese allgemeine Nutztierdominanz zeigt sich auch im ostfriesischen Gewürzregal, wobei neben Chicken und Rind ein weiteres Tier dazustößt, eines, das es nur hier gibt, immer feurig, immer heiß:

Das Scharf.

Tee – das analoge Getränk

Für viele ist Tee animiertes Wasser. Das manifestiert sich vor allem in modernen Gastronomiebetrieben, in denen die Schere zwischen Kaffee und Tee mittlerweile meilenweit auseinanderklafft. Kaffee ist nicht mehr nur Kaffee. Es ist eine Wissenschaft. In vierhundert verschiedenen Sorten. Aus Automaten, für die man sich auch wegen der Größe das Wort „Dampfmaschine" hätte aufsparen sollen. Viele von diesen Macchiato-Trinkern kennen Aufbrühen nur aus den Geschichten der Großeltern. Wenn man ihnen eine Filtertüte in die Hand gibt, drehen sie das Ding in alle Richtungen, halten sie für ein Ökokondom oder setzen sie auf den Kopf.

Im Gegensatz zu dieser hochgerüsteten Schichtgetränkindustrie ist Tee etwas geradezu Analoges. Jedenfalls außerhalb von Ostfriesland. Wer außerhalb von Ostfriesland Tee bestellt, bekommt ein Glas Wasser und einen Beutel. Was diese überschaubare Kombination so teuer macht, ist bis heute ein gut gehütetes Geheimnis. Ist es der Tee selbst? Der Beutel? Das Fähnchen am Ende des Beutelfadens? Das Wasser? Der besonders schonende Erhitzungsvorgang, bei dem das Wasser kaum Schmerzen leidet? Oder ist es die Beigabe einer Beutelentsorgungsschale, die verhindert, dass das Ding irgendwo in der Dekopflanze landet?

Am naheliegendsten ist die Vermutung, dass man vor allem für die Teenamen bezahlt. Und zwar nicht für Gattungsnamen wie schwarzer, grüner und roter Tee, nicht mal für Untergattungsbezeichnungen wie Roibusch-Ingwer oder Magen-Darm, sondern für Eigennamen kreierter Sorten. Namen wie Yogaübungen: „Quelle der Erfrischung", „Wind der Savanne", „Russischer Winter" oder „Kraft und Energie". Da hat eine Armee von Hornbrillen-Fusselbärten monatelang dran gefeilt und will nun bezahlt werden, und zwar nicht in Teebeuteln.

Hier dagegen: Ostfriesentee. Punkt. Reicht als Name. Dafür gibt's eine 1-a-Flüssigdroge mit Wumms aus geblümten Kannen auf geblümten Stövchen in geblümte Tassen gefüllt, in der ein stattlicher Klumpen Kluntje schon darauf wartet, übergossen zu werden. Das Kluntje sieht aus, als wenn es ihn friesische Sträflinge erst vor Stunden mit der Spitzhacke aus dem Zuckerberg, englisch: Sackerbörg, geschlagen hätten. Nun entfaltet er knackend seine Süße in der Teetasse. Das Knacken des Kluntjes ist auf vielen alten Schallplatten zu hören, aber vielleicht ist das auch Zufall.

Die Ostfriesen trinken im Jahr ungefähr 300 Liter Tee pro Kopf, mehr als jegliche ethnische Volksgruppe weltweit. Zum Vergleich: Deutschlandweit sind es 27 Liter pro Kopf. Noch ein ostfrieslandinterner Vergleich: Bier 100 Liter, Tee 300 Liter! Davon gehen allein 1000-Pro-Kopf-Liter auf meine Mutter und die Grande Dame des ungezügelten Teeverzehrs, Jantjemöj aus Spetzerfehn. Hätten sie einen Weg gefunden, sich das Zeug intravenös zu geben, wäre es zu einem Suchtdrama gekommen. Eine Woche ohne Tee, das ist wie kalter Entzug. Viele ältere Ostfriesen, die auf Reisen gehen, verzichten notfalls auf Wechselgarderobe, Hauptsache, Bünting, Thiele oder OnnO Behrends und der komplette Teebausatz sind dabei.

Um Ostfriesland militärtaktisch zu isolieren, müsste man nur die Teezufuhr unterbinden. Binnen 48 Stunden würde sich das Volk ergeben und mit erhobenen Tassen in die Gefangenschaft gehen.

Hauptsache Tee.

Aber so weit wird es nicht kommen. Kein Teekrieg wie im 18. Jahrhundert, als die Preußen den Ostfriesen das Trinken des „chinesischen Drachengifts" verbieten wollten, das Schmuggeltalent der Teenerds aber unterschätzten. Heute wissen wir, wer gewonnen hat. War ja klar.

Essen gehen!

Ich habe als Kind nie verstanden, warum die Ostfriesen essen gehen, und eigentlich hat sich an dieser Einschätzung nichts geändert. In einem kulinarischen Spektrum zwischen Boßlerkneipe und Landgasthof zeichnete sich das „Essengehen" vor allem dadurch aus, dass es exakt die gleichen Speisen gab wie sonntags zu Hause auch. Kategorien: Fleisch, Mischgemüse, Kartoffeln, Soße. Wenn's richtig abging: gemischter Salat. Dazu ein Fläschchen Halbtrockenen oder Bier. Wir ließen uns auftischen, dann wurde beherzt verglichen, und nicht immer war dabei der Landgasthof siegreich. Wenn meine Eltern die Kellnerin kannten, weil sie die Cousine vom Schwager des Nachbarn war, fiel das Urteil etwas milder aus.

Wir jungen Leute gingen zum Griechen. Nicht nur weil es einfach etwas anderes war, sondern wegen dieser unfassbaren Portionen, der kostenlosen Begrüßungs- und Verabschiedungsschnäpse und der Überschaubarkeit der Speisekarte. Es gab Gyros, Souflaki, Suzuki und Bifteki, in allen erdenklichen Kombinationen zu Tellern oder Platten kombiniert, die wahlweise Bauern-, Hellas-, Zeus- oder, in pfiffiger Kombination mit einem weiteren Schnaps, Ouzoteller oder -platte hießen. Alle Gerichte zusammen hießen Grillplatte oder trugen den Vornamen des Wirts. Dazu gab es einen gemischten Salat, eine Kugel Reis und die traditionelle griechische Sättigungsbeilage Pommis fritis.

Ich habe die heimische Küche deswegen ein bisschen aus den Augen verloren.

Das geht natürlich nicht! Deshalb hier drei Rezepte von traditionell bis modern, die Gott sei Dank nicht von mir stammen, sondern von Menschen, die sich damit auskennen.

Sanddorn-Cocktail
„Sandy" Dattein Edition

4 cl Andalö Sanddorn-Liqueur

3 große Eiswürfel

2 halbe Orangenscheiben

Sekt

Ostfriesentorte a lá Mama

– ebenfalls unter dem Namen Ossi-Torte bekannt

Biskuit:

6 Eier

250 g Zucker

250 g Mehl

etwas Backpulver

1 Fläschchen Butter-Aroma

9 EL warmes Wasser

Prise Salz

Aprikosenmarmelade

Füllung:

1 l Schlagsahne

4 Päckchen Sahnesteif

1-2 Päckchen Rumrosinen

Meine Mama legt sie selbst ein.

Die Rosinen- und Rum-Mengen hängen

davon ab, zu welchem Anlass die Torte

gebacken und zu welcher Tageszeit sie

gegessen wird.

Zubereitung:

Biskuit

1. Den Backofen auf 175°C vorheizen. Eine 28-er Springform am Boden etwas einfetten oder mit Backpapier auslegen.
2. Eier trennen.
3. Eiweiß steif schlagen.
4. Eigelb mit Wasser schaumig rühren. Salz, Zucker und Butter-Aroma hinzufügen. Anschließend behutsam unter Eiweiß heben.
5. Mehl mit Backpulver mischen, auf die Eimasse sieben und vorsichtig mit einem Schneebesen unterheben. Den Biskuitteig in die Form geben und auf unterer Schiene ca. 30 Minuten goldbraun backen.
6. Den fertigen Biskuitboden etwas abkühlen lassen und dann aus der Form stürzen. Wenn der Boden vollständig abgekühlt ist, zweimal waagerecht durchschneiden.

Füllung:

1. Rosinen gut abtropfen lassen.
2. Sahne mit Sahnesteif schlagen (am besten in zwei Portionen).
3. 2/3 der Rosinen mit 500 ml Sahne vorsichtig vermengen.

Fertigstellung:

1. Den unteren Boden mit Aprikosenmarmelade bestreichen und den mittleren Boden darauflegen.
2. Den mittleren Boden mit Rosinensahne bestreichen und mit dem oberen Biskuitboden bedecken.
3. Die Torte mit der restlichen Sahne ganz einstreichen und anschließend am Rand mit Sahne-Rosetten und in der Mitte mit restlichen Rum-Rosinen verzieren.

Guten Appetit!

Die Ostfriesen-Torte schmeckt am besten nach einer Nacht im Kühlschrank, also die Torte. Und – selbstverständlich – mit Ostfriesentee.

Krintstuut

a lá @brotsamkeit

Vorteig (Poolish)

100 g Weizenmehl 550

100 Wasser

1 g frische Hefe

Gut vermischen und über 10-12 Stunden
(am besten über Nacht) reifen lassen.

Brühstück:

50 g Rosinen mit 150 g kochendem
Wasser übergießen. Abgedeckt über
Nacht stehen lassen.

Teig:

Als erstes Rosinen in ein Sieb kippen und
gut abtropfen lassen.

Danach:

Den kompletten Vorteig

50 g gemahlene Mandeln

30 g Roggenmehl 1150

250 g Weizenmehl 550

100 g kalte Milch

30-50 g kaltes Wasser

25 g Zucker

gut vermischen und 30 Minuten abgedeckt
stehen lassen.

6 g Salz hinzufügen und so lange kneten,
bis der Teig glatt und elastisch ist. 30 g
kalte Butter stückchenweise hinzufügen.
Kneten, bis die Butter komplett in den Teig
eingearbeitet ist und der Teig schön glänzt.
Erst danach die abgetropften Rosinen
hinzufügen und schonend in den Teig ein-
kneten.

Den Teig gut abdecken und 3 Stunden
reifen lassen. Zwischendurch zwei Mal deh-
nen und falten. Anschließend den Teig noch
für 1 Stunde in den Kühlschrank stellen.
Eine Kastenform gut mit Butter einfetten,
den Teig zu einem länglichen Laib wirken
und in die Form legen. 2 Stunden bei Zim-
mertemperatur abgedeckt gehen lassen.

Backen:

Die Teigoberfläche vor dem Backen vorsichtig mit Milch einpinseln und das Brot auf
der unteren Schiene des sehr gut vorge-
heizten Backofens ca. 45 Minuten bei 200
Grad Ober- und Unterhitze backen.
Das Brot ca. 5-10 Minuten in der Form aus-
kühlen lassen und herausnehmen.

Smakelk,
Eten!

Irrlicht im Glas

Ein weiterer alkoholischer Meilenstein der Region ist Friesengeist. Friesengeist ist ein Kräuterlikör mit 56 Prozent. Der Legende nach soll das Zeug auf ein herrenloses Fass Selbstgebrannten zurückgehen, das 1951 beim Torfstechen gefunden wurde. Was eben so rumliegt im Moor.

Besonderheit am Friesengeist: Man zündet ihn an, bevor man ihn trinkt. Man kann ihn auch einfach so trinken, aber dann ist man hinterher auch einfach so betrunken. Heute wird alles und eben auch das Schnaps-trinken zum Event hochdestilliert. Egal ob Salzen, Lecken, Klopfen oder irgendwelche Flaschendeckel auf irgendwelche Gesichts-erhebungen drücken. In diesem Fall also: anzünden.

Und das ist noch nicht alles. Zwischen An-zünden und Trinken muss man zwei Dinge tun: Löschen und vor dem Löschen einen Spruch aufsagen:

Wie Irrlicht im Moor
Flackert's empor,
Lösch aus, trink aus,
genieße leise,
auf echte Friesenweise,
den Friesen zur Ehr,
vom Friesengeist mehr.

Der Ostfriese lehnt das grundsätzlich ab. Er sagt: Wollen wir saufen oder labern? Und grundsätzlich hat er auch recht. Denn die vermeintliche Tradition birgt Tücken. Wenn man zu lange braucht, um den Spruch aufzusagen, weil man entweder den Text vergessen hat oder den Klaus Maria Brandauer in sich entdeckt, aufsteht und gestenreich performt, während das blaue Flämmchen sein Werk tut, dann passieren zwei Dinge: Der ganze schöne Alkohol brennt weg, und das Glas erreicht Wärme-stufe 7.

Wenn man dann trotzdem trinkt, weil man nix verkommen lässt, gilt ein anderer Spruch:

**So friesisch der Trank,
der Spruch war zu lang
zu heiß war der Rand,
Fresse verbrannt.**

Wollen wir saufen oder labern?

Heuboden

In den Siebzigerjahren war eine kulturelle Sozialisation in Ostfriesland ein, sagen wir, simpel gestaltetes Konstrukt. Zumindest in dem Dorf, in dem ich aufwuchs, hatte ich das schon erwähnt? Es heißt Holtgast, unter Utgast, rechts von Hartsgast, zwischen Fulkum, Uppum, Siepkwerdum und Damsum, etwas weiter gefasst zwischen Dunum, Thunum, Werdum, Blersum, Klein Holum, Groß Holum, Westochtersum und Ostochtersum.

Und da geht das kulturelle Elend doch schon los! Einer der verlässlichsten Witze in unserer Dorfkneipe „Haltestelle" war jahrelang der von dem Ostfriesen, der in Südostasien am Flugschalter steht und sagt: „Ich hätte gern ein Ticket nach Ochtersum." Und der Mann am Schalter fragt: „West- oder Ostochtersum?" Spitzenwitz, habe ich gedacht! Das war unsere Ebene. Damit mussten wir klarkommen! Damit bin ich in die Welt gezogen!

Musikalisch war es nicht besser. Disko galt als musikalische Früherziehung. Zu meiner Zeit gab es in Holtgast nicht mal einen Kindergarten. Immerhin: Ich verbrachte viele, vielleicht zu viele Stunden vor der Musiktruhe meiner Eltern und lernte dabei unter anderem die Lieder einer Heino-LP auswendig, auf deren Cover der blonde Brillenmann ohne ersichtlichen Grund mit drei Pudeln posiert. Mein Vater spielte zudem eine Quetschkommode, die im Plattdeutschen einen Namen hatte, der eher nach mobilem Gottesdienst klang als nach einem Knopfakkordeon: Handörgel.

Aber wir hatten tatsächlich eine Disko in Holtgast. Sie hieß, dem technischen Stand der Dinge angemessen, „Heuboden". Der Heuboden lockte Tanzbeinschwinger – Sie ahnen es bereits – aus Fulkum, Uppum, Damsum, Dunum, Thunum, Werdum, Klein Holum, Groß Holum, Westochtersum und Ostochtersum. Und Schweindorf.

Menschen aus Schweindorf im Heuboden. Und ich mittendrin. Sie ahnen die Dimension meiner Weltläufigkeit. Vielleicht musste ich irgendwann in Hannover landen.

Das absolut angesagteste Getränk im Heuboden hieß Charly. Der Name bemühte sich, eine gewisse Internationalität vorzuspiegeln, blieb aber in Ansätzen stecken. Es ging um Cola mit Weinbrand, vorzugsweise Spitzenerzeugnisse wie Mariacron, Springer Urvater oder was grad offen war. Charly kostete einsfuffzich, in der Happy Hour eine Mark.

Happy Hour im Heuboden, mit trinkfesten Schweindorfern, das hatte viel mehr mit Aua zu tun als mit Happy. Da zählte an der Theke jede Minute! Oder wie mein Kumpel Hinni zu sagen pflegte: „Da hab' ich eine Mark nach der anderen hingeblättert."

Im Heuboden liefen rätselhafte Menschen rum. Ich zum Beispiel.

Oder eine dunkelhaarige junge Frau, deren Nachnamen ich nie erfahren habe. Der Vorname reichte. Sie hieß Urte. Andere wollten mit ihr flirten, ich wollte ihr ein „R" aus dem Namen streichen. Oder mich als Urwe vorstellen.

Im Heuboden gab es natürlich auch einen DJ. Er sah aus wie Dave Dee, Dozy, Beaky, Mick & Tich zusammen und hieß – ostfriesische Koinzidenz – auch Charly. Wir gingen davon aus, dass Charly so etwas wie ein Künstlername war. Vermutlich hatte er einen schönen Friesennamen wie Mamme, Onno, Schwittert, Frerich oder Sjut, der mit der Glamourwelt des Heubodens nicht zusammenpasste. Charly war ein DJ alten Schlags, er legte einfach Platten auf. Und er erfüllte Musikwünsche. Aber Charly war ein Fuchs. Dienstleistung gegen Dienstleistung. Coole Typen und hübsche Mädchen bediente er gratis, ich musste meistens mit

einem Getränk nachhelfen, damit mein Lied noch am gleichen Tag gespielt wurde.

Wenn Charly sich in seinen Backstagebereich zurückzog, was er vermutlich wegen wichtiger Besprechungen häufiger mal tat, dauerten diese DJ-Pausen entweder zwölf oder zwanzig Minuten, in denen er das restliche Diskovolk mit „Stairway to Heaven" oder der gesamten ersten Seite von Mike Oldfields Konzeptalbum „Platinum" beschallte. Tanzen konnte man zu beidem weniger als zu Pudel-Heinos Superhits. Was mir lange Zeit völlig egal war. Ich fand eine volle Tanzfläche gut. Volle Tanzfläche hieß für mich vor allem: mehr Platz an der Theke. Ich traute mich lange nicht zu tanzen. Wobei Tanzen ein weiter Begriff war. Manchmal sah man Menschen in Strickpullovern auf der Tanzfläche stehen, den Blick nach unten, die Arme hängend, Prog Rock in sich aufsaugend und dabei eigene Gedankenversunkenheit und Bedeutungstiefe des Musikwerks körperlich zum Ausdruck bringen wollend. Eine Art Meditation im Nebel. Das lag auch an der Musik. Songs wie "Love Is Like Oxygen" oder „Black Betty" fingen vielversprechend und rockriffig an. Spätestens im etwas spacigen Mittelteil standen alle da, ruderten wichtig mit den Armen und überlegten, ob sie abbrechen und entweder Charly beschimpfen oder Charly trinken sollten.

Aber dann war es auch für mich Zeit, die Tanzkarriere zu beginnen. Ich stand eine halbe Stunde konzentriert am Tanzflächenrand und sagte irgendwann: „Der nächste Song ist es!" Der nächste Song hieß „Bette Davis Eyes" von einer blonden, etwas zu alt aussehenden Sängerin namens Kim Carnes. Eine katastrophale Wahl. Das Lied fing langweilig an und ging dann langweilig weiter. Ich stand da, als einziger Junge, ruderte auch wichtig mit den Armen und wünschte mir, es wenigstens zu „Love Is Like Oxygen" getan zu haben. Ich fühlte mich jämmerlich. Meinen Abgang von der Tanzfläche ordnete ich, wie vermutlich auch andere, als Floorbereinigung ein. Am nächsten Tag erklärte ich meinen Rücktritt aus dem Tanzgeschäft. Von da an ging es für mich mit dem Heuboden bergab.

Irgendwann wurde der Heuboden umbenannt. Er hieß fortan Extasis. In Holtgast. Zwischen Uppum und Dunum. Extasis. Der Besitzer hielt es für eine gute Idee, den Namen in meterhohen Leuchtbuchstaben auf das Dach zu montieren. Wie ein Lovemobil ohne Räder. Ein paar Jahre später hieß es Remember. Ich war kürzlich mal wieder da.

Es heißt jetzt Remember Extasis. Ostfriesen sind einfach Pragmatiker.

Ich remember nur den Heuboden. Und Charly, meinen ersten wahren Musiklehrer.

Wetterstau im Bretterbau

Sauna

In der Reihe „Bräuche, die man echt nicht bräuchte" wollen wir uns der Sauna widmen. Sauna kommt aus dem Finnischen. In Finnland wird es oft nicht hell und oft nicht warm. Hat der Finne sich eben künstliches Wetter gemacht und auf klimatischen Kleinzellenbetrieb umgestellt, eine Art Wetterstau im Bretterbau, eng und schweißtreibend wie im Heuboden, nur ohne Tanzen. Wenn der Finne beim Tanzen schwitzen will, nimmt er eine Tangopackung.

Sauna ist sauheiß, tut saugut, man kommt sich saunah und wird sauber. Die Sauna ist das hölzerne Überraschungsei der Wellnesskultur: Entspannung, Geselligkeit und Reinigung in einem. Das behaupten Ostfriesen auch von Thalasso. Aber nach der Sauna fühlt man sich wie neu, adonisiert, formvollendet, fettreduziert und von übermenschlicher Einbildungskraft. In Wahrheit sieht man aus wie eine Dörrpflaume im Bademantel.

Wenn der Mensch wirklich zu 90 Prozent aus Wasser besteht, ist es gut, dass die restlichen zehn Prozent nicht alleine rumlaufen müssen. Die Sauna ist mittlerweile in der ganzen Welt verbreitet, in unterschiedlichen Formen und unterschiedlichen Gebräuchlichkeiten. In Skandinavien und im deutschsprachigen Raum ist der textilfreie Saunagang üblich, wobei pulloverartige Körperbehaarung erlaubt ist. In den USA, wo das Tragen von Hüfthosen oder Muskelshirts mancherorts schon als Exhibitionismus gilt, zieht man für den Saunagang eigentlich nur die Schuhe aus, allerdings nur, wenn die Socken keine Löcher haben. Amerikanische Saunen sind von amerikanischen Arztwartezimmern nur durch das Fehlen von Zeitschriften zu unterscheiden.

Dann gibt es noch die türkische Dampfsauna mit Seifglätte und Sichtweiten unter zwei Metern. Und die Russen schlagen sich in ihrer Banja genüsslich mit Birkenzweigen.

Der korrekte Gang

Kommen wir zu den Schwitzfindigkeiten der Saunakultur, die strengen Regeln folgt:

1. Regel
Sauna vor Benutzung erhitzen. Kalte Saunen haben mit ihren holzvertäfelten Wänden und den nackten Menschen zwar den Charme eines Siebzigerjahre-Partykellers nach dem Flaschendrehen, verfehlen auf Dauer aber die Wellnesswirkung. Ausnahme: die Biosauna, auch 30-Grad-Sauna oder Ökozelle genannt. Diese Kühlkammer aus glücklichem Holz erkennt man an der therapeutischen Lichtorgel sowie den Strickmützen ihrer Benutzer. Eine 90-Grad-Sauna erkennt man an ihren vielen rechten Winkeln. Eine 200-Grad-Sauna an Hörnern und Dreizack des Saunachefs.

2. Regel
Duschen. Immer duschen. Vorher, hinterher, duschen, duschen, duschen. Duschen ist die vertrauliche Form des Siechens. Saunagang zwischendurch nicht vergessen.

3. Regel
Handtuch mitnehmen und zwischen Holz und Körper legen. Nicht Körper zwischen Handtuch und Holz. Nicht Hand zwischen Körper und Holztuch. Kein Holz mit aus der Sauna nehmen.

4. Regel
Zeiten einhalten. Fußballfans bevorzugen zwei 45-minütige Gänge mit 15 Minuten Pause und Seitenwechsel. Besser: dreimal 15 Minuten oder 45 mal eine Minute. Danach frische Luft schnappen. Im Ruhrgebiet: Sauerstoffzelt aufsuchen. Die Ruhephase zwischen zwei Saunagängen sollte zwei Jahre oder eine Währungsreform nicht überschreiten.

Faustregel
Saunagänger sind Individuen. Auch wenn eine dicht gedrängte, triefende Saunagemeinschaft in Farbe und Form der Auslage einer Fleischereitheke bei Stromausfall ähnelt, diese Menschen haben alle ihre persönlichen Stärken. Viele dieser Stärken hängen in ihren Garderobenschränken.

Der Aufguss

Sauna ohne Aufguss ist wie Titanic ohne Eisberg, wie 96 ohne Gegentor, wie Schach ohne Würfel. Das sagen Aufgussfreunde, die in öffentlichen Saunen im Aufgusstakt zusammenströmen und ein seltsames Spektakel darbieten, das dem flüchtigen Betrachter wie eine prähistorische Gruppenheilung erscheinen muss, wie ein indigenes Fruchtbarkeitsritual oder wie die Kamasutra-Ortsgruppe Salzhemmendorf bei der technischen Wochenbesprechung. Salzhemmungslos stapeln sich unbekleidete Menschen in mehreren Schichten auf engstem Raum und harren dem Guru.

Der Guru nennt sich Saunameister und erscheint zur vollen Stunde mit den Reliquien der heiligen Zeremonie: dem Holzeimer der Erkenntnis und dem Wasser der Verdampfnis. Wasser, das den Jüngern und den Eltern den Weg ins Wohlsein weisen soll, Wasser, das sie lehren und leiten soll, Leitungswasser eben. Der Zeremonienmeister mischt geheimnisvolle Elixiere in dieses Wasser, die er ätherische Öle nennt, die in Wahrheit aber aus Mistelzweigen, Hummerscheren, Fledermausspeichel, Erdbeeren und Schnudelfix zusammengerührt sind. In osteuropäischen Hipstersaunen kommen bei Fruchtaufgüssen auch Wodkafeige und Wodkalemon zum Einsatz. Der in friesischen Holzofensaunen berüchtigte Küstennebelaufguss ist mittlerweile wegen nächtlicher Ruhestörung verboten worden.

Schon der unverwirbelt aufsteigende Dampf verursacht in einer vollen Sauna ein permanentes Geschnaufe und Gestöhne im Grenzbereich der Jugendfreiheit. Dann richtet der Saunameister durch rituelles Handtuchschleudern die Dampfkeule gezielt auf die schwitzenden Körper. Und obwohl das nie jemand sagen würde: Wer rausgeht, ist feige (aus der Hipstersauna: wodkafeige). Wer den Aufguss übersteht, applaudiert und steigt schweißgebadet aus. Wie im Flugzeug nach der Landung.

Die Alternativen

Merke: Saunieren sind keine inneren Schweineorgane, sondern das korrekte, wenn auch etwas ungelenke Tuwort für das, was man in der Sauna tut. Im Prinzip also ein ruhiger, fast meditativer Vorgang: sitzen, schwitzen, Fresse halten – eigentlich wie Ostfriesen im Hochsommer. Doch wer einmal in einer öffentlichen Großeventsaunawellnesslandschaft gewesen ist, weiß, dass so eine Sauna eine Erlebnisoase ist, ein Jurassic Park, nur mit Handtuch. Was man da alles machen kann!

Erlebnisduschen zum Beispiel. Man kann wählen zwischen den Benetzungsarten „Tropenregen", „Wolkenbruch" oder „Borkumer Nieselpiss". Achtung: Erlebnisduschen ist für eine Person. Erlebnisduschen zu zweit endet mit viel Publikum und Disqualifikation. Wer sich unbedingt anfassen lassen will, geht zum Tellak, dem türkischen Masseur, oder schubst den Saunameister ins Kaltbecken. Ein sicherer Tipp ist in dieser Hinsicht auch das spontane Absingen von Trinkliedern im Ruheraum.

Die Inspiration für die Songs kann man sich übrigens an der Bar holen, die zu jeder guten Saunalandschaft gehört. So ein Saunagang macht hungrig und durstig. Über den Weg, diese Bedürfnisse zu stillen, gibt es zwei Meinungen, die wir hier knapp kategorisieren wollen – und zwar in die Fraktionen Sanddorn-Schorle-Salat und Jever-Pommes.

Sehr beliebt ist das Tauchbecken, das mit seinen Temperaturen einen Hauch echten Eismeers hat, aufgrund seiner Ausmaße (ungefähr ein mal ein mal anderthalb Meter) für längere Tauchexpeditionen allerdings ungeeignet ist. Wer schnorcheln will, kann das Personal fragen. Und wer die Kälte liebt, geht in die Eissauna. Und hinterher: Duschen nicht vergessen!

Als Michael Jackson mal fast nach Ostfriesland kam

Pflasterschau in Wittmund: Jacko-Papa Joe (links) mit Bürgermeister Rolf Claußen in der Fußgängerzone.

Siel the World

Am 15. Juni 2005 fiel mir im Jeverschen Wochenblatt diese Nachricht auf:

Kommt der King of Pop bald nach Deutschland? Das Gerücht kam gestern auf. Der Europamanager des Popstars sagte, es sei ein Familientreffen der Jacksons „noch in diesem Sommer" geplant. Und: „Es kann sein, dass Michael an diesem Treffen teilnimmt. Es ist aber noch nicht sicher."

Weiter hieß es, das Treffen solle in den nächsten zehn bis 15 Tagen stattfinden, spätestens aber in vier Wochen. Möglicher Ort für die Zusammenkunft sei „Berlin oder eine Strandparty in Carolinensiel". Ob Michael Jackson sich dort nur den Fans zeigen werde oder sogar ein Konzert gebe, sei ungewiss.

Warum Carolinensiel? Ganz einfach: Weil der Vater von Michael Jackson, Joe Jackson, zu diesem Zeitpunkt regelmäßig in Carolinensiel Urlaub machte. Der Europamanager war nämlich ein Norddeutscher und hatte die Idee, dem Chef des Jackson-Clans könnte Ostfriesland guttun. Und eine Familienfeier war ohnehin geplant.

Es wurde dann doch nicht Carolinensiel.

Aber wie wäre das wohl gewesen: Michael Jackson und seine Geschwister am Strand von Harlesiel. Ein Protokoll.

13. Juni 2005:
Michael Jackson steht in der Herrentoilette des Gerichtsgebäudes in Santa Maria, Kalifornien, und telefoniert. Sein Vater Joe ist dran und schlägt einen Familienurlaub vor. Zur Besprechung des Ziels lädt Michael den Clan per Sammel-SMS auf die Neverland-Ranch ein.

Vier Tage später:
Auf der Neverland-Ranch trudeln die Jacksons ein: Vater Joe, Mutter Katherine, Michaels Brüder Jackie, Tito, Jermaine, Marlon und Randy, seine Schwestern Rebbie, La Toya und Janet und sein Chefschimpanse Bubbles. Bubbles hat eigens für den Termin eine Geschäftsreise in Texas unterbrochen.

Nach der traditionellen Runde auf dem Kinderkarussell, einer Geisterbahnfahrt, einer Achterbahnfahrt, einer Bimmelbahnfahrt, einer Runde Wilde Maus und dem Dosenwerfwettbewerb jeder gegen jeden sitzen die Jacksons im Kreis und machen Vorschläge, wo es denn hingehen könnte.

114

Janet würde gern auf eine Beautyfarm nach Hawaii, La Toya träumt von den Jungferninseln. Randy will für ein Entspannungswochenende nach Barbados. Jermaine schlägt vor, eine Inselgruppe in der Südsee zu kaufen. Michael möchte gern zum Mond, aber er sieht ein, dass das übers Wochenende wohl nicht zu machen ist und für Mutter Katherine auf dem Mond auch die sanitären Einrichtungen fehlen. Am Ende können sich alle auf Barbados einigen. Nur Vater Joe sitzt schweigend daneben. Dann steht er auf, haut mit der Faust auf den Tisch, schimpft über Größenwahn und Geldverschwendung, beendet die Diskussion patriarchalisch und sagt: „Wir fahren nach Carolinensiel."

21. Juni, nachmittags:

Auf dem Flughafen Bremen landet eine Maschine der US-Billigfluglinie „Short Life". Aus der Luke steigen elf Personen mit 120 Koffern und ein telefonierender Schimpanse mit einem Samsonite-Trolley. Mit sechs Sammeltaxis geht es zum Bremer Hauptbahnhof. Von dort aus mit dem Regionalexpress bis Oldenburg, umsteigen in die Nordwestbahn nach Sande, in Sande Gleiswechsel, dann Richtung Jever. „Willkommen im schönen Jeverland" steht auf einem Begrüßungsschild. „Jäwwerländ" liest Michael. Er ist begeistert.

17:45 Uhr:

In Jever warten die Jacksons auf den RMB, den Ruf-mich-Bus, nach Carolinensiel. Ratlos stehen Marlon und Tito vor einem Fahrkartenautomaten und versuchen, einen Kaffee zu ziehen. Aber so viel sie auch reinstecken, es kommt nichts außer ein paar Zetteln. Und jetzt beginnt es auch noch zu regnen. Gott sei Dank hat Papa Joe gelbe Öljacken für alle eingepackt.

Zwei Stunden 19 Minuten später:

Nach zwei Stunden Warten und 19 Minuten Fahrt trifft der Ruf-mich-Bus in Carolinensiel ein. Joe Jackson hat für den Aufenthalt nicht die teure Ortsmitte gewählt, sondern den Erlebnisbauernhof von Familie Harms in Groß Charlottengroden. Nur Janet und La Toya wohnen in der Sonnenpension Haus Marga in Harlesiel.

22. Juni, 8 Uhr morgens:

Michael Jackson geht Brötchen holen. In der Bäckerei Cornelius am Hafen schiebt er einen Zettel über die Theke, den Vater Joe ihm geschrieben hat. 30 normale, acht Sesam, acht Mohn, sieben Mehrkorn. Michael kann die Tüte kaum tragen: „Tschüss, mien Deern", sagt Bäckerin Gertrud Cornelius. „I love you", erwidert Michael und winkt.

22. Juni, nachmittags:

La Toya Jackson begleitet die zweite Damenmannschaft des Klootschieß- und Boßelvereins Carolinensiel bei deren Heimkampf gegen den KBV „Hier up an" Westeraccum, es geht um den Aufstieg in die erste Kreisklasse.

Marlon und Randy machen einen Ausflug nach „Great Seal" und hoffen darauf, dem vielversprechenden Namen entsprechend große Robben oder vielleicht auch Seeelefanten zu sehen. Janet ist mit dem Ruf-mich-Bus nach Wittmund zum Shoppen gefahren. Jermaine lässt sich von Einheimischen den Unterschied zwischen Swimmingpool und Krabbenpool erklären.

Michael lernt Plattdeutsch. „Moin", spricht er, fast akzentfrei, eine ältere Carolinensielerin am Hafenbecken an. Als sie ebenso überrascht wie herzlich zurückgrüßt, sagt Michael Jackson seinen ersten vollständigen Satz auf Plattdeutsch: „Klei mi ann Mors".

22. Juni, früher Abend.

Vater Joe hat alles vorbereitet für die große Fanparty. Er hat zwei Platten mit Butterkuchen an den Strand fahren lassen, vier Tüten Chips und eine Kiste Jever Pils. Es soll eine rauschende Nacht werden.

22. Juni, 21 Uhr:

Noch keiner da. In Carolinensiel hat es sich noch nicht rumgesprochen, dass Michael Jackson „in't Dörp" ist, wie man hier sagt. Außerdem spielt im Dorf-krug die Scheunenrockband „De Dösbaddels", der Laden ist brechend voll. Die Jacksons sitzen am Strand um ein Lagerfeuer herum, Tito holt die Gitarre raus und zupft 'nen flotten Darm.

Zwei Minuten später:

Ein Strandwächter taucht auf: „Zu laut, Feuer aus und Kurkarte, bidde". Die Jacksons haben keine Kurkarte. Janet steht auf und spricht den Mann freundlich an: „I'm Janet Jackson and this is my brother Michael, Michael Jackson. The King of Pop. You know?" Der Strandwächter zieht die Augenbrauen

hoch und mustert die Frau mit den hochtoupierten Brüsten und der Locken-frisur. „Hahahaha! Genau! King of Pop! Und ik bün de Bürgermeister von Witt-mund! Hahahaha – Kurkarte, bidde!"

Weitere zehn Minuten später ...

... räumt eine Großgruppe schweigender Urlauber ohne Kurkarte mit zwei Blechen Butterkuchen und einer Kiste Bier den Strand und nimmt den Ruf-mich-Bus nach Groß Charlottengroden. Dort sitzen sie und musizieren die ganze Nacht – so gut, wie sie es lange nicht mehr getan haben. Während Carolinensiel schläft. Michael gießt noch in dieser Nacht seine überwälti-genden Eindrücke von Ostfriesland in einen neuen Text, mit dem sein „Earth Song" garantiert ein Welthit geworden wäre.

JOE JACKSON AUF STIPPVISITE IN CAROLINENSIEL

Seinen Besuch in Deutschland nutzte am Donnerstag Joseph (Joe) Jackson, Vater von Michael Jackson, wieder zu einer Stippvisite im Nordseebad Carolinensiel-Harlesiel. Bereits vor vier Jahren war Joe Jackson von dem idyllischen Sielort besonders angetan, so dass er versprochen hatte, das Nordseebad noch einmal zu besuchen, was er nun einlöste. Unter anderem stattete er dem Kurzentrum Cliner Quelle einen Besuch ab und genoss dort die Behandlung im Wellnessbereich.

FOTO: KURVERWALTUNG

Der Moin-Song

What about Aurich
What about Leer
What about all the places, they
Just don't seem to care …

What about Westrhauderfehn
What about Watt
What about Klootscheten and
The real Oostfreesenplatt …

This is Jacksons second Heimat
Between Wittmund and Krummhörn
But to be a real Oostfreesenjung
There's one word you have to learn …

Mohohohooooooohooooooo-Moin!
Mohohohooooooohooooooo-Moin!
Mohohohooooooohooooooo-Moin!
Mohohohooooooohooooooo-Moin!

What about Rum mit Bunk
What about Klorn
What about updrögt Bohnen
And all day Treckerfohrn …

What about goode Luft
So healthy and clean
What about wind van vörn
For me and Billy Jean …

In Oostfreesland is't am besten
Is what you need to know
And when you use the keyword
It's time to start the show …

Mohohohooooooohooooooo-Moin!
Mohohohooooooohooooooo-Moin!
Mohohohooooooohooooooo-Moin!
Mohohohooooooohooooooo-Moin!

What about Dösbaddel (what about Platt)
What about Tee (what about Platt)
What about Krabbenpulen (what about Platt)
And een Grog oder twee (oh yeah) …

What about Winterdag (what about Platt)
And keen Heizung, blot Holt
(what about Platt)
Wenn dat les Blömen ant Fenster molt
(what about Platt)
And de Wind weiht so kold (so kold)

What about Karmelksbreei
(what about Platt)
What about Buurn (what about Platt)
What about Füürwehrfest (what about Platt)
And Wattwandertouren

What about Platt (yip, yip, yip)
What about Platt (hu, hu, hu)

Scherz-Kreislauf

Ostfriesenwitze hatten ihre Blütezeit in etwa zwischen den Herren- und den Mantawitzen und parallel zu den Häschenwitzen. Was nicht gerade eine hochkulturelle Humorumgebung ist, aber zumindest eine, in der man ohne Aufwand erstrahlen kann.

In Ostfriesland hatte man ein ungezwungenes Verhältnis zum Ostfriesenwitz, obwohl man um seinen Pointenquell wusste. Schließlich ging es um scherzspendende Charaktereigenschaften wie Langsamkeit, Begriffsstutzigkeit, gelebtes Hinterwäldlertum und die Doofheitsarten Treudoofheit, Situationsdoofheit und allgemeine Doofheit. Der Ostfriese wusste immer, dass das böse Vorurteile sind. Fast alle. Gut, einige. Also jedenfalls wusste er, dass es nicht fünf Friesen braucht, um eine Glühbirne einzuschrauben – einen, der die Birne hält, und vier, die den Tisch drehen, auf dem er steht. DAS STIMMT SO NICHT! Zwei reichten. Der Ostfriese hat sich trotzdem nie beschwert. Er wusste, dass es auch schon die Schotten getroffen hatte, er wusste früh, dass die Grenzöffnung kommt, dass Licht auf andere indigene Völker fallen und neue Humorlandschaften erblühen lassen würde. Ohnehin hat er, der Ur-Ossi, die Witzkultur immer als Marketing gesehen. Oder als das, was Marketing war, bevor es in Ostfriesland angekommen ist.

Denn der Ostfriese wusste: Die Menschen kommen. Weil er Wasser hatte. Und gute Luft. Und so kam es, dass Jahr für Jahr, immer zu Ferienbeginn in Nordrhein-Westfalen, der Ostfriese sein Mathematikstudium unterbrach. Er stellte den Abakus beiseite, zog das Fischerhemd an, setzte die Mütze auf und nahm die ostfriesische Klischeehaltung ein: Er destabilisierte seinen Körper, nahm also praktisch die Wirbelsäule aus dem Haltungsaufbau heraus und schob Hals und Unterkiefer gleichsam um etwa 45 Grad nach vorne so, dass beide eine gedachte Linie ergaben.

So hockte er sich mit einer Tasse Tee auf die Bank vor sein Haus und grüßte freundlich, aber wortkarg zurück, wenn die Kleinfamilie aus Solingen-Ohligs vorbeimarschierte und ihren unbändigen Assimilationswillen mit einem geübten, fast akzentfreien „Moin, Moin" untermauerte und für einen Moment mit ihrer Ferienregion verschmolz.

Alles – reines – Marketing.

Und manchmal lachte der Ostfriese sogar übern guten Witz:

Hubschrauberabsturz über ostfriesischem Friedhof. Die Feuerwehr barg 358 Tote.

Orte,
die man
gesehen
haben muss

Der Weltraumpenis von Aurich

Wenn man im Internet das Wort „Weltraumpenis" eingibt, landet man entweder bei stark fantasiegetriebener Erwachsenenliteratur – oder in Aurich. Das ist erstmal erstaunlich, weil Aurich weder mit dem All noch mit expliziter Anatomiekunde viel zu tun hat. Besucht man jedoch den Auricher Marktplatz und fragt sich, wie lange man hier mal wieder den Sperrmüll nicht abgeholt hat, kommt man der Sache schon näher. Denn auf jenem eher pittoresken Platz inmitten dieser aufgeräumten Kreisstadt, der zweitgrößten des Ostfriesenlandes, steht ER.

Ein großer Haufen Kunst, der 1990 dort hingestellt wurde und Plastik heißt, obwohl er vor allem aus Stahl besteht, genauer aus Abfällen eines Forschungszentrums in Nordrhein-Westfalen. Offiziell hört er auf den Namen „Sous-Turm" – nach seinem Erschaffer. Die einfallsreiche Auricher Bevölkerung hat ihm aber eine ganze Reihe von Spitznamen verpasst, alle mit der Buchstabenkombination „au", da achten die Auricher auf die Feinheiten. Vom Tauchsieder ist die Rede, vom Schrotthaufen – und eben vom Weltraumpenis.

Je länger man über letzteren Begriff nachdenkt, desto philosophischer wird es. Ein hochaufragender Phallus als fruchtbarer Versuch, Kontakt aufzunehmen mit denen da draußen? Oder umgekehrt – ein Signal, ein Geschenk der Außerirdischen an die Erdlinge? Aber warum ausgerechnet Aurich? Mitten in der Stadt, direkt neben der „Kochlöffel"-Filiale mit dem seinerzeit ausgezeichneten Hawaiiburger?

Und wenn es so ist, warum antwortet Aurich nicht? Oder steht man schon im Austausch?

Außerirdische. Austausch. Auserwählte. Ausgerechnet Aurich. Vielleicht ist die Lösung simpler, als wir denken. Und wenn doch nicht, steht eins fest: In Aurich diskutiert man über Kunst. Genau dafür ist sie da.

Das Funkloch-Museum

Langsam. Doof. Mundfaul. Knauserig. Humoristische Volksgruppendiffamierung, das sogenannte Verhohnepeoplen, hat in Deutschland eine lange Tradition, wurde in der Wirtschaftswunderzeit zum Volksspott und festigte Deutschlands Ruf als Humornation Nummer 185.

Die Ostfriesen vereinen seit den späten Sechzigerjahren dabei gleich mehrere Attribute in sich. Alle haben im Kern etwas mit der Überschaubarkeit von Denkprozessen und daraus folgenden Handlungen zu tun.

Da Ostfriesen neben Sorben, Dänen, Sinti und Roma eine offiziell anerkannte deutsche Minderheit sind, trägt die Bundesrepublik eine gewisse Verantwortung zum Schutz des Brauchtums. Deshalb hat das Bundesforschungsministerium beschlossen, Ostfriesland aktiv vor schnellem Internet und dem unkontrollierbaren Kontakt mit WLAN zu schützen. Dass die Regierung es mit diesem Anliegen ernst meint, hat die Bundesforschungsministerin Anja Karliczek im Jahr 2018 mit einem Satz über den neuen Mobilfunkstandard verdeutlicht: „5G ist nicht an jeder Milchkanne nötig." Dabei wären wir in Ostfriesland 2018 schon mit 4G zufrieden gewesen. 3G und 2G kamen dann ja immerhin. Auch wenn sie nichts mit dem Mobilfunknetz zu tun hatten.

Aber jetzt wissen wir ja, um was es dabei wirklich geht: Schutz des Brauchtums, Erhalt der allgemeinen Lebensgeschwindigkeit.

Deutschland ist für diesen Zweck eine ideale Umgebung. Eine E-Mail kommt im Milchkannenparadies zwischen Passau und Flensburg immer noch am schnellsten an, wenn man sie ausdruckt, eine Briefmarke draufklebt und in den gelben Kasten wirft. Smartphones zeigen nicht "EDGE" an, sondern "AETSCH". Brieftaubenschläge gelten hierzulande immer noch als Postverteilzentren auf Abruf und werden mit 7 Prozent Mehrwertsteuer veranschlagt.

Dabei beweisen Bundesregierung und Hardware-Anbieter durchaus Humor. Sollte jemand in einem ostfriesischen Dorf dank göttlicher Fügung oder einer atmosphärischen Anomalie eine Nachricht empfangen haben und nun den geradezu irrsinnigen Versuch unternehmen, ein Foto zu öffnen, sagt das Gerät: „Bild konnte nicht heruntergeladen werden. Versuche es erneut. Wenn das Problem weiterhin besteht, verbinde dich mit dem WLAN." Das ist so, als ob du durch die Sahara kriechst und das Schild siehst: „Körperfunktionen setzen aus? Versuche es erneut. Wenn das Problem weiterhin besteht – trink einfach was!"

Die Frage ist, was man aus dieser Situation macht. Denken wir an das alte Tom-Sawyer-Prinzip: Zaunstreichen ist super, wenn man es nur gut verkauft. Tom sagt irgendwann zu seinem Freund Joe Harper: „An den Fluss gehen kann ich jeden Tag. Aber einen Zaun streichen kann ich nicht oft." Und so verbringt Tom einen freien Tag, an dessen Ende seine Kumpels den Zaun fertig gestrichen und ihn dafür sogar noch beschenkt haben.

Kehren wir zurück in das Land, in dem das Funkloch demnächst zum Welterbe erhoben wird. Das muss man der Restwelt mit ihrer ständigen und flächendeckenden Availability nur richtig verkaufen. Als Alleinstellungsmerkmal. In jeder Hinsicht. Das wird zu einem Tourismusboom führen, von dem Neuschwanstein nur träumen kann. No-Lan-Stein wird der neue Hit. Und Ostfriesland ein Hotspot. Geschichtlich fundamentiert. Brauchtum und so.

Asiaten und Amerikaner werden mit alten Handys nach Deutschland reisen, um verlässlich kein Netz zu haben. Sie werden in großen Gruppen mit dem ICE durch die Kasseler Berge fahren und dabei mit staunender Freude am Aufrufen der Google-Startseite scheitern.

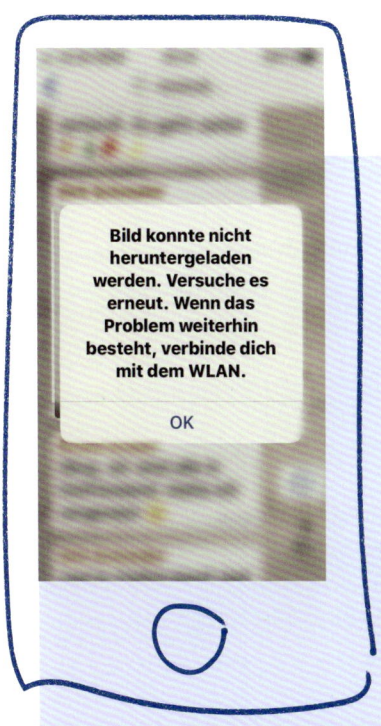

Bild konnte nicht heruntergeladen werden. Versuche es erneut. Wenn das Problem weiterhin besteht, verbinde dich mit dem WLAN.

OK

Aber jetzt wissen wir ja, um was es dabei wirklich geht!

Schutz des Brauchtums, Erhalt der allgemeinen Lebensgeschwindigkeit.

Sie werden zwischen Dollart und Jade-
busen an jeder Milchkanne halten und in
Anja-Karliczek-T-Shirts absolute Unerreich-
barkeit genießen. Im Land des Löchelns,
der Wellness-Oase, früher Automobil und
Tankstelle, heute auto-mobil und Funkstille.

Isländer werden in das Kommunikations-
museum Deutschland fahren, sie werden in
deutschen Großstädten stilecht mit einem
analogen Faltplan aus Recyclingpapier an
Funklochführungen teilnehmen und sich
gegenseitig dabei fotografieren, wie sie
in Hotels für WLAN bezahlen. Sie werden
Telefonzellen benutzen und in Souvenirge-
schäften nach Null-Balken-T-Shirts fragen.

Findige Eventmanager werden Down-
loadnächte in Ostfriesland veranstalten,
wer bis morgens um 6 Uhr eine Whats-
App-Nachricht mit Foto komplett heruntergeladen hat, gewinnt ein Wochenende
im Edge-Tal ohne Anschluss und Daten-
paket. Es wird Modem-Schauen geben
mit Modellen zum Telefonhörerauflegen,
die direkt nach dem Einsatz wieder in
die Werbeagentur gehen, wo der Chef
ein Fax nach Dänemark schicken muss.

Dass wir in diesem Land strea-
men, ist ein Wunder. Deutschland
ohne Internet ist kein Wunder.

**Mehr Infos demnächst in
Ihrem Videotext.**

Ein namenloses Trostmal für
entscheidungsschwache Autofahrer. Es will sagen: Auch
wer immer nur im Kreis fährt,
kommt irgendwann in den
Himmel.

Das Modell Forch Grog spielt
auf den oft kopierten Shanty
„Ick heff mol en Wittmunder
Dreemaster sehn" an und wirft
die Frage auf, ob man die
Sanierung eines Segelschul-
schiffes doch billiger haben
kann als für 135 Millionen
Euro.

Seevögel auf drei Bleistiften

Wenn der Mensch nicht zur Kunst kommt,
kommt die Kunst zu den Menschen. An
Orte der Begegnung, wo sie im Mittelpunkt
steht, wo man sich trifft, wo man kommt und
geht. Auf den Verkehrskreiseln Ostfrieslands dreht sich vieles um die Kunst. Für
alle, die nur auf den Verkehr achten – eine
Würdigung.

Ein Geisterboot auf der Landstraße
von Esens nach Neuharlingersiel?
Nein, nur die künstlerische Hommage
an die italienische Vierbugbark
„Quattro Stagioni" aus der Zeit des
Harlinger Havarismus.

Hier sehen wir das Skelett der mittlerweile ausge-
storbenen Borkumer Wandermuschel. Das Modell
wurde anfangs noch als Strandmuschel eingesetzt,
fiel aber wegen schlechter Zugluftwerte durch.

Ostfriesischer Würfel kurz vor der Fertigstel-
lung. Es fehlen noch die Seitenverkleidungen
und einige statische Korrekturen. Aber die
Botschaft ist schon klar: Alle Augen auf den
Straßenverkehr.

Die Skulptur „Seevögel auf drei Blei-
stiften" ist dem friesischen Realismus
zuzurechnen, wie an den weißen
Stiftspitzen unterhalb der Vogelaus-
gänge zu erkennen ist.

Keine Kreiselkunst. Diese echte
Robbe ist einfach nur eine Meis-
terin der Tarnung.

Old Flatterband

Uns Ostfriesen schreibt man oft besondere Fähigkeiten zu. Viele Menschen sagen mir zum Beispiel immer: „Ihr Ostfriesen, ihr könnt feiern!" Und ich sage immer: „Ja, genau, feiern, das können wir! Im Feiern sind wir spitze!" Das Interessante daran ist: Was sich in beiden Köpfen in diesem Moment abspielt, sind komplett unterschiedliche Versionen des Begriffs „Feiern". Im Kopf gegenüber: Volkstanz mit fliegenden Frauen, Männer mit Bart und Pfeife, Jung und Alt, die sich auf Heuballen sitzend einhaken und schunkelnd zur Quetschkommode ihre alten plattdeutschen Lieder singen.

Bei mir im Kopf: eine Flasche Korn und zwei Gläser. Eine ostfriesische Feier. Mit allem Drum und Drin.

Nicht lang schnacken ... und so. Wenn du einen Ostfriesen nach so einer „Feier" fragst, wie es war, und er sagt „hundertprozentig", dann war sie super. Wenn er „vierzigprozentig" sagt – auch super. Und du weißt, was es zu trinken gab.

Aber die Ostfriesen machen nicht jede Feier mit. Karneval zum Beispiel hat sich nie so richtig durchgesetzt. Im Gegensatz zum Schützenfest, bei dem in Esens das restliche Leben stillsteht und manche Menschen auf die Frage, wann sie wieder nüchtern waren, nicht mit einer Uhrzeit oder einem Tag antworten, sondern mit „August".

Dagegen führte Karneval schon immer ein Schattendasein. Schon in den frühen Siebzigerjahren, in denen ich als Schüler in meinem Dorf begeistert am Karneval teilgenommen habe. Ich kann heute eins sagen: An mir lang es nicht, an mir und meinem Team aus Visagisten und Modedesignern. Vielleicht waren wir damals einfach schon einen Schritt zu weit. Vielleicht hat man uns einfach nicht verstanden!

Es gibt eine Farbfotografie aus einer Phase, in der ich beeinflusst war von Karl May, Winnetou und vor allem Old Shatterhand. Von Cowboys und Indianern. Wie das eben so war, bevor Darth Vader und Obi Wan Kenobi in unser Leben traten.

Aber ich wollte ja Cowboy sein. Old Shatterhand. Ein stolzer Beschützer der Armen und Schwachen, hoch zu Ross, im Fransenwams aus edlem Leinen, die Silberbüchse in der Hand, ein verlässlicher Freund der Guten und strenger Richter der stets unrasierten Schurken und Halunken. Das war jedenfalls der Plan. Aber es kam anders.

Gianni Versace hätte gesagt: „Semplicemente non lo capisci!" Ihr versteht das alle nicht. Das ist Haute Couture! Und das ist noch mehr: Upcycling würde man heute sagen, also aus Alt mach Neu und irgendwie ... anders.

Man stelle sich mal aus Sicht der Halunken vor. Wenn da einer mit 13 Dioptrien vor dir steht. Da denkst du nicht: Der Typ sieht schlecht. Da denkst du: Nicht aufs Gesicht schießen, die Kugeln kommen zurück. Die prallen ab!

Statt einer Silberbüchse ein Trommelrevolver, locker aus der Hüfte gezogen, das ist okay, auch nicht so sperrig. Mit dem lässigen Spruch „Einer von uns beiden ist zu viel in dieser Stadt" ziehen, abdrücken, pusten. In der Reihenfolge! Nicht pusten und dann abdrücken, da hilft selbst die Brille nicht mehr.

Kommen wir zur Farbgestaltung. Man kann sagen: Tarnung stand bei diesem Outfit nicht an oberster Stelle. Dieses Designkonzept setzt eher auf Abschreckung und Signalwirkung. Die Farben Lila, Pink oder Pflaume kommen im Wilden Westen nur sehr selten vor. Und als ob ein lila Halstuch und ein lila Gürtel als einer von zwei Gürteln noch nicht gereicht hätten, um diesen

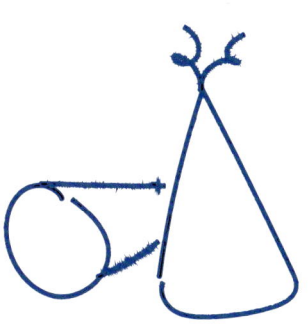

Cowboy für seine Feinde auf fünf Kilometer
Entfernung im Sandsturm vor Santa Fe wie
bengalisches Feuer leuchten zu lassen,
haben die Schneiderinnen auch noch die
Hosenbeine mit lila Seitenbordüren aus
strapazierfähigem Kräuselkrepp drapiert
– und statt Old Shatterhand den gefürch-
teten Old Flatterband geschaffen. Den
Retter der Herzen, dem sie zum Zeichen der
Liebe im Kampf für das Gute auf die Knie
zwei … rote … Herzchen genäht haben.

Kennen Sie den Film „Schuh des Manitu"?
Erscheinungsjahr 2001. Hier: Old Flatterband, dreißig Jahre früher. Eins steht
fest: So wie ich sah beim Schulkarneval
keiner aus. In Holtgast nicht, in Esens –
und auf der ganzen Welt. Ich allein war
eine anerkannte Minderheit. Und heute
bin ich froh, dass irgendjemand das
mit dem Fotoapparat festgehalten hat.
Sonst würde mir das keiner glauben.

Kohlsein!

Früher haben Männer gegen Drachen gekämpft. Heute essen sie Grünkohl.

Das Bedrohungspotenzial ist gleich geblieben.

Manchmal essen auch Frauen Grünkohl – einer muss ja fahren.

Gekochter Grünkohl sieht aus wie etwas, um das man auf der Landstraße einen großen Bogen machen würde. Oder wie etwas, weshalb Hundebesitzer Plastiktütchen mitnehmen.

Grünkohl ist ein saisonales Gemüse, zum Glück. Man kann nicht das ganze Jahr über Grünkohl essen. Irgendwann muss der Mensch auch mal verdauen.

Bei Grünkohl dauert das Verdauen zehn Monate, ohne Schnaps. Mit Schnaps dauert das Verdauen auch zehn Monate, aber es kommt einem kürzer vor.

Angeblich ist Grünkohl total gesund. Könte sein, dass Grünkohl unsere Vorfahren Vitamin-C-mäßig über die Eiszeit gebracht hat. Keine Südfrüchte damals, keine andere Wahl. Heute könnten wir auch ein Glas Orangensaft trinken. Aber natürlich kann man nach Orangensaft nicht so gut zehn Doppelkorn in sich reinschütten. Sieht doof aus. Also Grünkohl.

Hier im Norden wird der Grünkohl von vielen sehr geliebt, woanders hat die anspruchslose Kohlart nur wenig Verehrer.

Dabei unternehmen Grünkohllobbyisten alles, um das Wintergemüse weltweit populär zu machen. In der DDR gab's Grünkohl im Fernsehen: "Ein Kassler Buntes", präsentiert von Karsten Speck.

Natürlich wird das Grünkohl-Angebot ständig modernisiert. Neben dem Klassiker des Herbstessens, also Kohlpampe mit Bregenwurst, Pinkel und Kassler, gibt es zahlreiche Neuerungen rund um den Grünkohl, vor allem im Bereich der Bequemkost, dem sogenannten Kohlvenience. Es gibt:

- Bregenwurst to go
- Pinkel McNuggets
- Grünkohl Teriyaki

Mit Grünkohl im Kochbeutel und Pinkel-Fix kann jeder Kochidiot innerhalb von zehn Minuten ein schmackhaftes Grünkohlgericht zubereiten. Die 5-Minuten-Kohlterrine ist perfekt für den kleinen Hunger zwischendurch, und der Grünkohl mit dem Eckes ist gesund, leicht zu transportieren und hat sogar noch einen Kirsch-Schnaps dabei.

Auch die Haute Cuisine beschäftigt sich mit dem Grünkohl. So ist Grünkohl elementarer Bestandteil der Molekularküche. Dort wird Grünkohl zu Grünkohleis, Grünkohlglibber und ... Kohldampf!

Die Bregenwurst wird verflüssigt, dazu gibt's Senf aus der Tube.
Das soll essen, wer will.

Für solche Experimente hat der Ostfriese nichts übrig, und er hat dafür auch gar keine Zeit.

Denn nach dem Grünkohlessen ist vor dem Eierwerfen. Mehr dazu auf der nächsten Seite.

Kohlsein!

Games of Ostern –
das Lied von Ei und Feuer

Hallo, Osterfreunde! Jedes Jahr, wenn der letzte Schokoweihnachtsmann zum Hasen umgeschmolzen ist, nahen die besinnlichen Tage im Zeichen familiärer Einkehr, an denen man im Kreise der Lieben abschalten kann und zu den wesentlichen Dingen des Lebens zurückfindet. Aber Ostern ist auch das Fest der Freude, der lachenden Kinderaugen, der bunten Eier, der kachelgroßen Schneidezähne und langen Ohren, das Fest des Suchens und des Findens.

Sollten Sie jedoch nach Ostfriesland gefahren sein, ohne sich zuvor mit dem regionalen Brauchtum vertraut zu machen, könnte das Bild von Ostern eine schlagartige Schieflage bekommen.

Und damit ist nicht das auch in anderen Teilen des christlichen Universums verbreitete Abbrennen von Osterfeuern gemeint, wenngleich dieses Ereignis in ländlichen Gebieten nach dem Dorffest, dem Feuerwehrfest sowie dem Schützenfest und Heiligabend in der Kirche das größte gesellschaftliche Event des Dorflebens ist.

Das geht dann gemeinhin so: In küstennahen Regionen der südlichen Nordsee treffen Touristen auf Einheimische, die Ostfriesen vermitteln ihren Gästen einen Eindruck von gelebter Traditionspflege, meistens indem sie ihnen einen Schnaps nach dem anderen einschenken. Nicht selten findet sich auch noch einer, der unter stattlichem Alkoholeinfluss halbwegs gerade drei Akkorde auf der Handorgel drücken kann und die abgefüllte Touristenschar eingehakt in die Mundart zwingt. Pflichtprogramm: „In Oostfreesland is't am besten", „Wo de Nordseewellen trecken an de Strand" und der alte Boßelklassiker „Moder, do mi de Pockholter her". Anschließend: noch ein Schnaps.

Und wenn die Osterfeuertouristen dann ostersonntagmittags mit dickem Bregen aufwachen, pflegen die Ostfriesen ihr eigenes Brauchtum: Eierwerfen. Wichtig und für Außenstehende ungewöhnlich beim ostfriesischen Eierwerfen: kein Schnaps. Ausnahmen bestätigen natürlich die Regel. Aber es ist nachmittags, Kinder sind anwesend. Man sucht eine nahegelegene Wiese oder besser Weide auf, die in weiten Teilen Ostfrieslands schnell zur Hand ist. Für die Dauer der Veranstaltung sind die Höhe des Graswuchses und die Kochzeit der Eier entscheidend. Die restlichen Regeln sind schnell erklärt: Man wirft, bis die Eier kaputt sind, und hinterher isst man sie stilecht vom Weidengrund. Weitere Regeln: keine. Da die Schnittmenge Eierwerfer/Klootschießer in Ostfriesland beachtlich ist, legt das Ei vor dem Aufprall mitunter sehr weite Strecken zurück. Küsten- und Moornähe werden daher gemieden. Für faule Eltern, die gleichzeitig Klootschießer sind, sind das Eierwerfen und das Eierverstecken für die Kinder ein und derselbe Arbeitsgang.

Für einige geht es aber doch ums Gewinnen. Siegeswillige malen ihr Wettkampfei nicht an, sondern lackieren es mehrfach und ziehen zum Schluss eine Schicht Sekundenkleber drüber. Damit es hält, was der Werfer verspricht.

Vielleicht ist es gut, dass die Touristen das nicht mitbekommen.

Wenn in Ostfriesland Eier fliegen, muss Ostern sein.

Der Mai ist benommen

Das mit dem Maibaum war eigentlich völlig bekloppt. Überhaupt nicht mein Spiel. Aber es war ein Event, obwohl es damals noch nicht so hieß, und da wollte man auf dem Dorf natürlich dabei sein. Es gab einen nicht eindeutig geklärten geschichtlichen Hintergrund, der nicht exklusiv ostfriesisch war, aber eine regionale Ausprägung hatte. Eine Tradition, die man, wie es mit Traditionen oft so ist, nicht verstehen musste. Sie zu pflegen reichte eigentlich. Wenn es dabei Bier gab, und es gab Bier, dann erst recht. Also machte ich mit.

Außer Bier gab es Regeln. Grundprinzip: Vereine, Cliquen oder ganze Dörfer stellen einen mehr oder minder hübsch geschmückten Maibaum auf, versuchen ihn zwischen Sonnenuntergang am 30. April und Sonnenaufgang am 1. Mai nicht klauen zu lassen und derweil selbst einen anderen oder gleich mehrere zu klauen.

Wer drei Spatenstiche am fremden Baum macht, ohne dass ein Baumbewacher eine Hand am Stamm hat, kann ihn mitnehmen oder gegen Naturalien, zumeist flüssig und in 24er-Einheiten, eintauschen. Also den Baum, nicht den Bewacher.

Angesichts der Tatsache, dass ein geklauter Maibaum schwer zu transportieren, nicht trinkbar und schon am nächsten Tag nur noch ein blöder Pfahl mit Girlanden ist, war das Tauschgeschäft deutlich beliebter. Eine Art nächtlicher Trinkimperialismus. Wer einen Baum geklaut hatte, war eine Dorfgröße, talk of the village. Wenngleich der Ruhm meist noch verblasste, ehe der Held wieder nüchtern war.

Die Kunst war es für eine angreifende Gruppe, die Maibaumbesitzer vom Baum wegzulocken oder zu warten, bis sie ihrerseits einen Feldzug unternahmen und zahlenmäßig geschwächt waren. Meine Dorfheldchancen waren von vornherein gering, denn ich gehörte selten zu den Angreifenden. Da ich durch ungeschicktes Bewegen im unbeleuchteten Feld ständig Geräusche machte, verriet ich unsere Position. Folge: Sämtliche ausgedachte Strategien, das ganze Anschleichen und alle taktischen Winkelzüge waren für die Katz, obendrauf gab es Hohn und Spott der leicht angetrunkenen gegnerischen Defensive. Anders gesagt: Ich war eine Gefahr für die Mission.

Ich wurde deshalb meistens im Wachdienst eingesetzt, manchmal auch alleine. Einzige Aufgabe gegen drei Uhr nachts: trotz einer ganzen Reihe von Schlummertrunken nicht einschlafen, am besten die Hand gar nicht vom Baum nehmen.

Akteure von meiner Qualität mussten beim Fußball immer ins Tor. Dahin, wo sie am wenigsten falsch machen konnten. Aber wer sich am 1. Mai um 2 Uhr nachts bei 6 Grad, leichtem Nieselregen und einer Hand an einem Maibaum die Frage stellte, was das alles soll, warum man nicht einfach in den Mai tanzen kann, statt einen Pfahl mit Girlanden zu bewachen, war hier falsch und lief Gefahr, unkonzentriert zu werden oder im schlimmsten Fall zu desertieren, einen Baumklau zu riskieren und damit Verein, Clique oder das ganze Dorf zu blamieren. Denn Dorf ohne Maibaum, das war wie Mann ohne Glas, wie Spiegel ohne Eier. Man kann es drehen und wenden, wie man will. Es stimmt immer.

Die Tatsache, dass das Spiel ohne offizielle Schiedsrichter ablief, machte strittige Entscheidungen am Baum zu Pulverfässern. Zumal ein Spaten im Spiel war und unfallfreies Einstechen nach fünf Bier eine Kunst, die nicht jeder beherrschte. Außerdem stand oft Aussage gegen Aussage, wenn es um Millimeterentscheidungen in Baumnähe ging. Ein Videobeweis wie heutzutage beim Fußball hätte damals so manchen nicht nur verbalen Schlagabtausch verhindern können. Mit oder ohne Spaten.

Es gab auch Spielverderber. Die tranken nichts. Ich fand das langweilig. Viel besser war: Wer bei Sonnenaufgang noch stand, hatte seinen Job gemacht. **Manchmal war es sogar der Baum.**

Wer einen Baum geklaut hatte, war eine Dorfgröße, talk of the village.

Wundersames Ostfriesland (IV)

- 1265 Jahre „Bonifatius wird erschlagen"
- 275 Jahre „Carl Edzard, der letzte Fürst, stirbt"
- 408 Jahre „Osterhusischer Akkord – „Magna Charta" Ostfrieslands"
- 49 Jahre „Stapellauf des Love-Boats"
- 86 Jahre „Dr. Erich vom Bruch begeht Selbstmord"

Sieben fünf drei –
Rom schlüpft aus dem Ei

Eins und dann dreimal
die Acht – drei Kaiser
waren an der Macht

Sechzehnhundert eins und acht –
der Dreißigjährige Krieg erwacht

Vier sieben sechs – Rom war ex

Sechs eins zwei –
mit Ninive war's vorbei

Acht null null –
Karl bestieg den Stuhl

Drei drei drei –
bei Issos Keilerei

Neun sechs zwo – der Kaiser heißt Otto

Eins vier zwei sieben – Ocko wird vertrieben

In ostfriesischer Geschichte kann man sich schon mal verlieren. Nicht nur, weil sie mehr als 1300 halbwegs nachvollziehbare Jahre auf der Uhr hat, sondern weil auch mehr passiert ist, als man denkt. Aber einen überregionalen Merksatz wie „753 – Rom schlüpft aus dem Ei" oder „333 – bei Issos Keilerei" hat Ostfriesland nie abbekommen. Das ist natürlich inakzeptabel. Warum nicht „1427 – Ocko wird vertrieben"? Das hätte vieles verändert: Die Schlacht auf den Wilden Äckern am 28. Oktober jenes Jahres wäre längst mit Bruce Willis (als Focko Ukena), Willem Dafoe (als Ocko I. tom Brok) und Til Schweiger (als renitenter Bauer Janssen, Nebenrolle) verfilmt und bei Jauch als locker zu beantwortende 16.000-Euro-Frage gestellt worden.

Aber es kam anders. Gott sei Dank gibt es dieser Ignoranz zum Trotz die Heimatpfle-geinstitution „Ostfriesische Landschaft" in Aurich und eine Reihe von lohnenswerten Museen. Im Ostfriesischen Landesmuseum Emden ist beispielsweise der Mann vom Bernuthsfeld zu sehen, eine 1200 Jahre alte Moorleiche, die man liebevoll Bernie getauft hat. Heute würde man Bernie, das haben Rekonstruktionen seiner Kleidung ergeben, vermutlich Hipster nennen.

Auch im Internet ist das eine oder andere zu finden über die ostfriesische Historie. Und wer sich in Geschichte verliert, für den sind „Neuigkeiten" mitunter etwas anders, als man es so kennt. Auf der Tafel links sehen wir: Es müssen nicht immer gute Neuigkeiten sein. Die Liste stammt übrigens von der informativen wie unterhaltsamen Seite botschaft-ostfriesland.de, die einen Besuch wert ist – nicht nur für Geschichtsfans.

Acht vor fünfzehn-hundert – Kolumbus wird bewundert

Fünf drei fünf drei – mit Stalin war's vorbei

orte,

die man
gesehen
haben muss

Der Schwebebalken von Amdorf

Reden wir über Brücken. Woran denken Sie? Golden Gate? Tower Bridge? Öresund? Köhlbrand? Vergessen Sie's!

Denn sagen wir so: Öresund kann jeder. Drauffahren, rüberfahren, runterfahren, fertig. Wer dagegen einmal ortsunkundig versucht hat, mit seinem Fahrzeug den Lauf der Leda in Höhe des kleinen Örtchens Amdorf zu überqueren, wird diesen Transfer so schnell nicht vergessen.

Dieses Bauwerk ist so, wie die Ostfriesen sprechen: nicht mehr als nötig. Das heißt: genau so lang wie der Fluss breit ist, plus ein bisschen Aufliegefläche an beiden Seiten. Und genau so breit wie ein Auto plus Platz für zwei schicke Reifen-Ruinierränder und ein sehr nützliches Geländer. Ergibt unter dem Strich die schmalste Autobrücke Deutschlands. Und das breiteste Grinsen derer, die daneben stehen und zugucken.

So manchen hat der Mut verlassen, von weitem sieht dieser Schwebebalken aus, als ob man selbst als Fußgänger jenseits der 100-Kilo-Gewichtsklasse besser seitlich rübergeht, weil man sonst Gefahr läuft, stecken zu bleiben. Man könnte das jetzt zum Touristenhotspot machen. Aber in Amdorf stellen sie einfach ein Schild auf: „Bei Halten Motor abschalten." Ein kleines Gedicht. Vom Schmalstieg an der Leda. Alles andere kann ja jeder.

Bei Halten Motor abschalten.

Alte Herren

Mein Vater hat mich früher mit zum Fußball genommen. Aber nicht zu Werder Bremen, zum HSV oder Hannover 96, sondern zum SV Fulkum. Fulkum? Es liegt – wie vieles in Ostfriesland – zwischen Uppum, Damsum, Ochtersum und Dunum. Denn beim SV Fulkum spielte mein alter Herr. Bei den Alten Herren. Alte Herren klang für mich immer völlig okay. Wie Alte Herren eben. Also alt. Bis ich 32 war. Da war ich selber Alte Herren. Ab da fand ich den Begriff völlig unangemessen.

Naja, aber damals waren die Alten Herren des SV Fulkum wie echte alte Herren. Mein Vater konnte überhaupt nicht Fußball spielen. Er konnte gut Fußball gucken. Und außergewöhnlich gut boßeln. Fußball spielen war eher nicht sein Kerngeschäft. Aber: Er konnte schnell rennen. Das reichte. Es war bei den Alten Herren geradezu die ideale Stellenbeschreibung für die Position des Rechtsaußen. Das ist, was die Formel Grundfähigkeiten minus Fehlerfolgen angeht, kurz vor Torwart.

Mein Vater hatte den Auftrag, Bällen, die grob in seine Richtung gespielt wurden, hinterherzulaufen und, wenn es ging, vor des Gegners Tor zu flanken. Nun war es so, dass der Sportplatz in Fulkum an einer Ecke leicht abfiel. Ich stand immer hinterm eigenen Tor. Und wenn mein Vater auf der geneigten Seite gen Eckfahne eilte, sah es immer so aus, als ob der Platz ihn irgendwann verschluckte. Wie ein grünes Monster. Und wenn dann plötzlich der Ball aus dem Nichts im hohen Bogen Richtung Tor flog, war es nicht wie eine Flanke, sondern wie Gewölle ausspucken. Aber es war tatsächlich eine Flanke, und sie kam von meinem Vater. Wahrscheinlich.

Dort hinten in der Ecke war auch ein Bauernhof, der unter anderem von einem Bernhardiner bewohnt wurde. Ein gutmütiger, verspielter, aber mächtiger Bernhardiner. Wenn unsere Mannschaft den Ball Richtung Bauernhof gedroschen hatte, war es immer interessant, bei der gegnerischen Mannschaft die Entscheidungsfindung zu beobachten, wer denn jetzt den Ball zu holen hat. "Ne, mach du mal, du kannst besser Einwurf!" "Ach nee, mein Knöchel tut weh!" Und so weiter. Manchmal rannte der Bernhardiner sogar aufs Feld. Er wollte nur spielen. Aber das wussten die anderen ja nicht.

Man kann sagen, der Bernhardiner war unser 12. Mann.

Oder sogar unser 13. Denn in der Mitte spielte beim SV Fulkum ein geniales Duo: Onkel Didi und sein Bauch. Ein imposantes Paar, zumal Onkel Didi ein richtig guter Kicker war. Und nahezu unüberwindbar. Der SV Fulkum musste bei Freistößen keine Mehrmannmauer bilden. Das war sehr praktisch.

Der Platz sieht heute irgendwie gerader aus. Aber wenn man hinterm Tor steht, nach hinten rechts guckt und fest dran glaubt, kommt aus der Ecke irgendwann eine Flanke geflogen.

Ich weiß, wer's war.

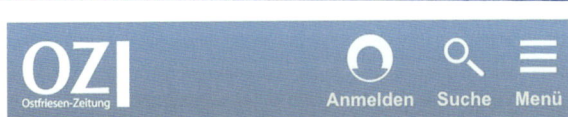

"Titten" auf der Bundesstraße

| Siegelsum   24.09.2013

Die „Titten" sind jetzt weg

„Titten" konnte man bis zum Montag auf dem Asphalt der Bundesstraße 72 lesen. Bild: Ortgies

Wenn Dichter dichten

In Ostfriesland lauert die Kunst überall. Auch da, wo man sie gar nicht vermutet.

Genau diese spontane Energie macht Aktionskunst aus. Aber in Ostfriesland geht es noch weiter. Da bricht Kunst manchmal einfach aus den Menschen heraus.

Das wurde selten so deutlich wie 2013 in Siegelsum nahe Marienhafe. Dort gab es auf der Bundesstraße 72 ein paar Löcher, die abgedichtet werden mussten. Und dann schwärmten sie aus, die Abdichter des Straßenbauamts Aurich und dichteten.

Mit Rollsplitt kreierten sie Buchstabenkombinationen, die bei genauerer Betrachtung hintereinander gelesen die teils internationalen Botschaften „T-I-T-T-E-N" und „F-U-C-K" ergaben. Die Ostfriesen-Zeitung war zur Stelle und titelte sachgemäß „Titten auf der Bundesstraße". Folge: Alle Autofahrer fuhren gefährlich langsam, weil sie während der Fahrt lasen. Lesen während der Fahrt ist aber verboten. Also mussten die Künstler des Straßenbauamts noch einmal raus und ihre Straßenkunst neutralisieren. Wieder war die Ostfriesen-Zeitung zur Stelle und titelte erneut sachgemäß: „Die Titten sind jetzt weg".

Aber die B72 zwischen Siegelsum und Marienhafe wird auf ewig ein Ort der Streetart bleiben.

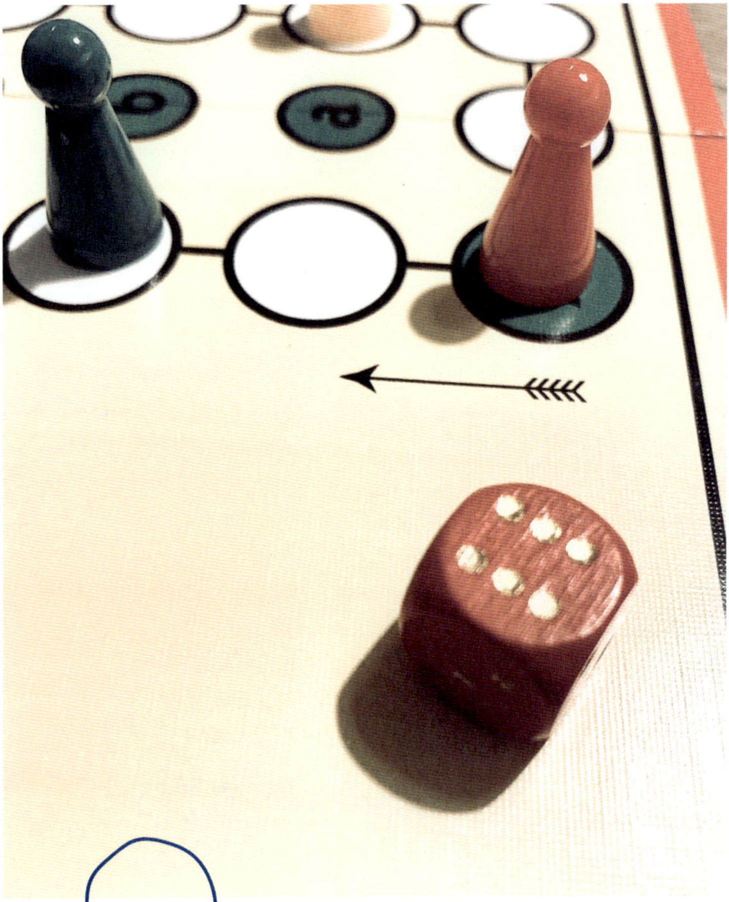

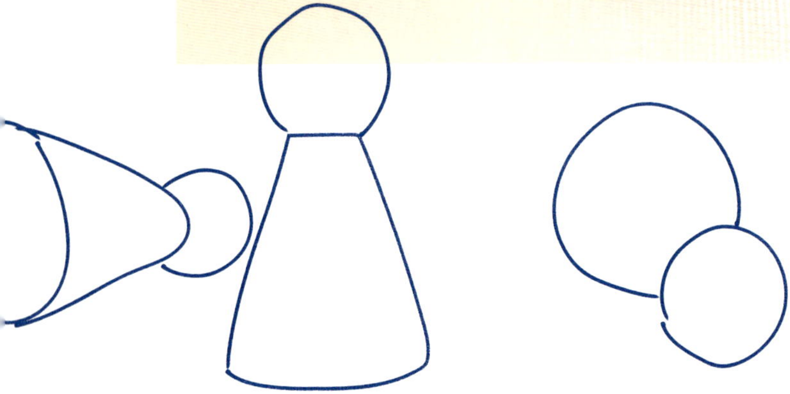

Welches Spiel wird hier gespielt?

Ferienwohnungen sind keine Wundertüten mehr. Seit man sich die Hütten im Internet bis in den letzten Winkel vorher angucken kann, weiß man ungefähr, wo man landet. Natürlich kann geschicktes Fotografieren Räume größer, heller, näher am Strand und ohne die Hauptverkehrsstraße vor dem Fenster erscheinen lassen, und akustisch wie olfaktorisch ist vorab selten etwas zu erfahren. Und wenn, dann eher „himmlische Ruhe" als „Dauerbaustelle" und „Tannenduft" statt „Güllesaison".

Und doch bergen Ferienwohnungen immer noch Geheimnisse, und das ist auch gut so. Zum Beispiel die zentrale Frage: Gibt es Spiele, und wenn ja, welche? Also richtige Spiele, mit Brett und Würfeln und Steinen, die nie aus Stein sind. So unwichtig die Spiele bei bestem Urlaubswetter sind, so essenziell für Familienfrieden sind sie bei Ferienanfangsdieselniesel (mehr Regen auf Seite 155).

Da gibt es das 3-M-Standardprogramm mit Mühle, Memory und Mensch ärgere dich nicht. Da gibt es die Premium-Klassiker mit den „Spielen des Jahres" aus der Zeit, als man selbst jung war, wobei „jung" stark interpretierfähig ist. Aber nehmen wir mal „Sagaland", „Scotland Yard" oder „Drunter & Drüber", die schon vom Alter gezeichnet sind, hier und da an der Brettknickkante eingerissen oder geklebt, manchmal mit Ersatzfiguren oder dem Zettel „Anleitung: Internet".

Gefährlich sind Spiele wie „Monopoly", die den möglicherweise schon anders verplanten Restabend einnehmen oder im Zweifel das Ferienende überdauern.

Ebenso gefährlich sind Spiele, bei denen nicht alle die Spielregeln kennen oder unterschiedliche Auslegungen gegeneinander stehen.

Am gefährlichsten sind aber Spiele mit Pantomimeanteil, bei dem sich leicht Gräben vertiefen können zwischen Hyperaktiven, die nach drei Bieren noch eine Schippe draufpacken, und stillen, grimassenfernen Menschen, die plötzlich den Begriff „Unterwassergeburt" wortlos und szenisch darstellen sollen, während der Sand durch die Uhr rinnt. Da vibriert die Luft. Jetzt keine Witze.

Und am nächsten Abend: Mensch ärgere dich nicht. Für die, die noch nicht abgereist sind.

Gelb oder Liebe

81,2 Prozent der Menschen, die an Ostfriesland denken, haben zuerst eine Landschaft im Kopf. Das ist nicht das Ergebnis einer wissenschaftlichen Erhebung, sondern eine grobe Schätzung basierend auf dem, was man so hört. Von den restlichen grob geschätzten 18,8 Prozent denken 10 Prozent an Tee, 5 Prozent an Menschen, 2,1 Prozent an Oldenburg oder Sylt, 1,7 Prozent haben von Ostfriesland noch nie gehört.

Wenden wir uns an dieser Stelle den 5 Prozent zu, die bei Ostfriesland nicht an Land denken, sondern an Leute. Und schon wären wir bei einer ganzen Reihe von bewährten Klischees, die sich nicht nur auf das possierlich-verschlossene Ostfriesenwesen beziehen, sondern auch auf Äußerlichkeiten. Nennen wir es Corporate Design.

Da wäre neben Gummistiefeln, Halstuch, Woll- oder Prinz-Heinrich-Mütze, Fischerhemd und Pfeife der Ostfriesennerz zu nennen, der im eigentlichen Sinne weder was mit Ostfriesen noch mit Nerz tun hat. Das Kleidungsstück wurde angeblich in Dänemark geboren, und Nerze in der Tarnfarbe Leuchtgelb wären vermutlich als Jäger und Gejagte eine ebenso erfolglose wie kurzlebige Spezies gewesen.

Nein, der Ostfriesennerz, im letzten Drittel des vergangenen Jahrhunderts ein echter Hit, war eine atmungspassive Mischung aus Schulklassenboden und LKW-Plane, angeboten in den Größen XXL bis Garage. Und als Berufskleidung eher praktisch als filigran in Style und Sitz. In die Taschen konnte man nicht nur die Hände stecken, sondern die Unterarme inklusive der Ellenbogen, große Fische, einen mittleren Wocheneinkauf und den Hund. Die Kapuze war so geräumig, dass man Hut, Helm oder Trockenhaube aufbehalten konnte. Der Ostfriesennerz etablierte sich als Familien-, WG- oder Mannschaftsjacke, weil er niemandem zu klein war. Eine für alle.

Charakteristisch waren neben dem verlässlichen Schutz gegen Wind, Regen, kleinere Geschosse und Erdbeben das quietschende Geräusch und der muffige Geruch, eine morbide Kombination aus Kunststoffausdünstungen und körpereigenen Substanzen. Diese persönliche Note machte den Ostfriesennerz relativ diebstahlsicher und hatte nach einem durchzechten Kneipenabend den Vorteil, dass man an der Garderobe der Nase nach gehen konnte. Flirten in Gelb-Öl war dagegen eine echte Herausforderung. Gelb oder Liebe.

Mittlerweile ist das leuchtende Wetterwunder wieder da, in schick und atmend, tailliert und mit Bündchen, sogar geruchsneutral, wenn man es nicht drauf anlegt. Aber den Namen Ostfriesennerz darf dieses Modezeug nicht tragen.

Den gibt's nur, wenn es müffelt und quietscht.

Wundersames Ostfriesland (V)

Irgendwas mit Schiffen

Was haben die Erwachsenen uns früher immer gesagt: Nicht ins Wasser pinkeln, bloß nicht ins Wasser pinkeln. Das galt vor allem für private und öffentliche Schwimmbäder, wobei wir niemanden mit einem privaten Schwimmbad kannten. Wir hatten eine Badewanne, und das zählte nicht. Das Wasser heizte in einem Boiler auf, der angefeuert werden musste. Das passierte einmal in der Woche, am Sonnabend. Wenn alle baden wollten, wurde das Wasser portioniert. Meine Schwester und ich konnten uns aussuchen, ob wir gemeinsam bei 20 Zentimeter Wasserstand baden wollten oder allein bei zehn. Es wäre damals der richtige Moment gewesen, anhand von gelebter Praxis wie Wasserverdrängung und Krümmung der Wanne Archimedes, Mathematik und Physik zu begreifen und tiefer in die Materie einzusteigen. Doch wir berechneten nur: Wären wir fünf Kinder, wäre die Wanne voll. So oder so. Und bis zur Sportschau mit Ernst Huberty mussten wir sowieso wieder draußen sein.

In öffentlichen Schwimmbädern benahmen wir uns natürlich hygienisch. Sogar in der Nordsee, obwohl die ja alle paar Stunden quasi abspülte.

Und dann das. Jahrzehnte später. Auf Spiekeroog. Ein Schild. Ein Tipp: „Hafen/ WC". Ich wusste immer, dass Hafen was mit Schiffen zu tun hatte. Jetzt verstand ich. Meine Kinderstube wankte. Ich machte ein Foto. Ich musste.

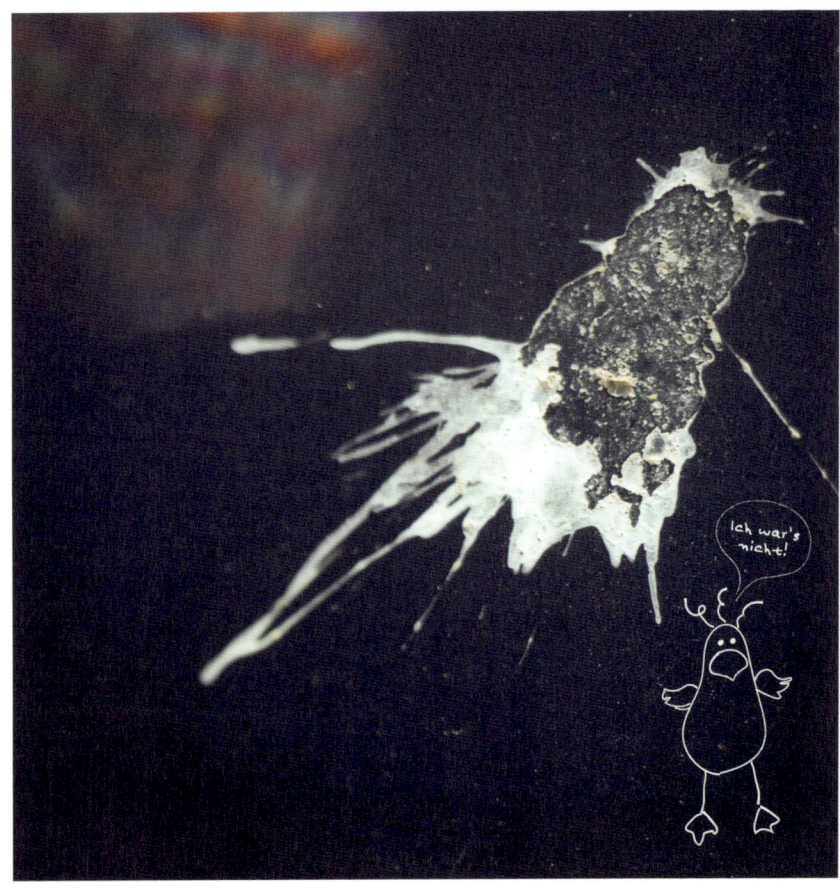

„Ohne Titel"
Möwe auf Autolack, 2021

„Ich krieg hier gleich zu viel!" Dieser emotional dahingehauchte Ausruf eines Wermelskirchener Urlaubers angesichts der Motorhaube seines blauen Ford Kuga in Blazer-Blau Metallic beschreibt nur im Ansatz die Kraft dieses fulminant auf den Lack geschleuderten Action Paints.

Subtile Konsumkritik und eine bitterböse späte Abrechnung mit der globalen Klimapolitik der Zehnerjahre vereinen sich in dieser Arbeit zu einem klaren Statement der entflogenen Künstlerin für die Natur und sind gleichsam Warnung an den Menschen, sich nicht so leicht bescheißen zu lassen.

Ostfriesische Regensarten

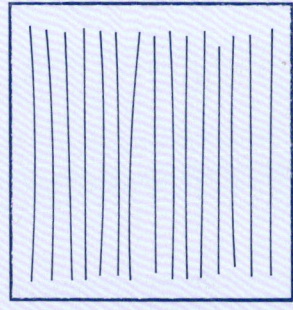

Aufregen

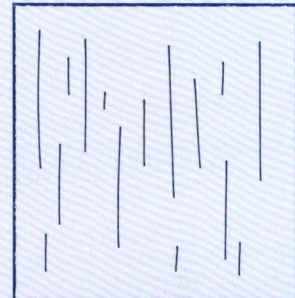

Abregen

Gegenwindgesichtsmassageregen

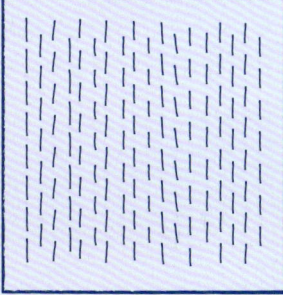

Ferienanfangsdieselniesel

Harlinger Schiffbruch

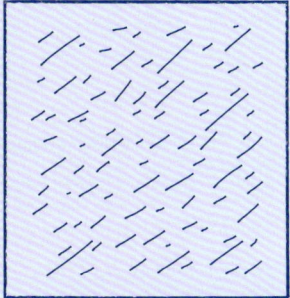

Möwenarmageddon

Willkommen am
Arsch der Welt

One World, One Butt

Als eine der letzten FraOgen der Menschheit könnte zu klären sein, wie viele Ärsche der Welt es eigentlich gibt. Kandidaten gibt es zuhauf. Fast jede Ortschaft, auf die der erweiterte Gattungsbegriff „Kaff" zutrifft, trägt irgendwann einmal auch den Titel „Arsch der Welt" oder wenigstens „nicht der Arsch der Welt, aber man kann ihn von dort aus gut sehen". Es handelt sich in beiden Fällen um den Versuch einer unverhohlenen Verunglimpfung. Wer glaubt, den auf seinen Ort gemünzten Begriff „Arsch der Welt" als liebevolle Hommage interpretieren zu müssen, hat noch ganz andere Probleme – oder ist Bürgermeister im Wahlkampf.

Dabei ist der Begriff bei genauerer Betrachtung etwas sehr Schönes. Betrachten wir ihn in diesem Fall am besten von hinten. Im Reigen der oft martialischen anatomischen Metaphern (breite Brust, gestrecktes Bein, verlängerter Arm) nimmt „Arsch der Welt" eine vergleichsweise exponierte Stellung ein. Mit der Lokalisierung „Arsch" wird eine Zone gewählt, die oft nicht nur ihrer zentralen Position wegen einen Körperschwerpunkt bildet und zudem noch Einzigartigkeit suggeriert. „One World, one Butt", sagt die Globalisierungsforschung. Die Einordnung „der Welt" ist schließlich von monumentaler Weite und würde die Gemeinde, das Dorf oder die Region quasi hintenherum zu einem Global Player machen, mit vielen Touristen und eigener Beschilderung („Willkommen am Arsch der Welt").

Es gibt natürlich sehr viele Orte und Regionen, die das Zeug zum Arsch der Welt haben. Ostfriesland hält sich da raus. Ostfriesland ist ja schon das schönste Plattland der Welt und Teetrinkchampion und Schmalbrückenrekordhalter und Schiefturmweltmeister und, und, und. Da können die anderen die Sache unter sich ausmachen. Man muss gönnen können. Einer wird das Rennen um den Titel "Arsch der Welt" schon machen.

**Abwarten. Tee trinken.
Am besten in Ostfriesland.**

Impressum

© 2021, Uwe Janssen

Herausgeber
Verlag Leuenhagen&Paris
Lister Meile 39
Hannover

Konzept und Texte
Uwe Janssen

Uwe Janssen auf Instagram
@im_grossen_und_janssen

Bilder
Uwe Janssen und Olja Yasenovskaya

Weitere Bilder
S. 24 Teemuseum Norden, S. 26 oben Sebastian Stein, S. 71 Puch (pixabay),
S. 91 Cristina Rocha, S. 108 Pexels (pixabay), S. 112, 115 Stadt Wittmund,
S. 116 Anzeiger für Harlingerland, S. 135 mygraphx (pixabay),
S. 146 Ostfriesen-Zeitung, S. 154 schuetz-mediendesign (pixabay)

Gestaltung und Illustration
Sarah Kölbel, *www.sarahkoelbel.de*

Lektorat
Olja Yasenovskaya, *www.brotsamkeit.de*

Druck
Gutenberg Beuys, Feindruckerei GmbH, Printed in Germany

ISBN
978-3-945497-17-3

Dank an:

Olja, Sarah, die Janssens und Damkes, Dirk Eberitzsch und Team, Bruno, Sebastian, HAZ, Anzeiger für Harlingerland, Ostfriesen-Zeitung, Rolf Claußen und die Stadt Wittmund, Böskupp van Oostfreesland, Teemuseum Norden, Holger Müller, die Lese-crew Susanne, Harald, Britt, Frauke, Christian D., Christian G., Robert und Felix Weiper, alle, die geholfen, inspiriert, an den richtigen Stellen genickt und mit dem Kopf geschüttelt haben. Und Uljana, die spätestens seit der Gegendwindtour zum Lan-geooger Ostende weiß, dass sie alles im Leben schaffen kann.